数字经济发展中
人力资本与创新变化

Changes in Human Capital and Innovation in the
Development of the Digital Economy

纪雯雯　刘　盾
王珊娜　孙　妍　著

中国财经出版传媒集团

经济科学出版社
Economic Science Press

北京

图书在版编目（CIP）数据

数字经济发展中人力资本与创新变化／纪雯雯等著.
北京：经济科学出版社，2024. 11. -- ISBN 978 - 7
- 5218 - 6407 - 6

Ⅰ. F243

中国国家版本馆 CIP 数据核字第 20245H1L35 号

责任编辑：卢玥丞
责任校对：李　建
责任印制：范　艳

数字经济发展中人力资本与创新变化

SHUZI JINGJI FAZHANZHONG RENLI ZIBEN YU CHUANGXIN BIANHUA

纪雯雯　刘　盾　王珊娜　孙　妍　著
经济科学出版社出版、发行　新华书店经销
社址：北京市海淀区阜成路甲 28 号　邮编：100142
总编部电话：010 - 88191217　发行部电话：010 - 88191522
网址：www. esp. com. cn
电子邮箱：esp@ esp. com. cn
天猫网店：经济科学出版社旗舰店
网址：http://jjkxcbs. tmall. com
北京季蜂印刷有限公司印装
710 × 1000　16 开　15 印张　200000 字
2024 年 11 月第 1 版　2024 年 11 月第 1 次印刷
ISBN 978 - 7 - 5218 - 6407 - 6　定价：102.00 元
（图书出现印装问题，本社负责调换。电话：010 - 88191545）
（版权所有　侵权必究　打击盗版　举报热线：010 - 88191661
QQ：2242791300　营销中心电话：010 - 88191537
电子邮箱：dbts@ esp. com. cn）

目　录
Contents

导论　数字经济发展中人力资本创新的意义 / 001

一、本书研究目标 / 001

二、本书研究意义 / 003

三、本书主要研究内容 / 003

第一章　人力资本的内涵与测算指标 / 010

一、人力资本内涵界定 / 010

二、人力资本测算方法 / 012

三、我国教育人力资本现状 / 015

四、我国健康人力资本现状 / 024

五、小结与启示 / 039

第二章　我国人力资本变化的事实特征 / 041

一、我国人力资本与经济社会总体发展的变化 / 041

二、我国人力资本红利与教育追赶的新变化 / 051

三、我国人力资本行业结构与空间配置的新情况 / 058

第三章　人力资本水平与结构对创新的影响 / 068

一、理解我国人力资本与创新的背景与理论 / 068

二、人力资本影响创新的理论模型 / 070

三、实证研究 / 085

四、小结与启示 / 098

第四章 数字化基础设施发展中人力资本密度对创新的影响 / 102

一、城市信息化发展与创新表现 / 102

二、理论模型与识别策略 / 106

三、实证分析 / 109

四、基于人口普查微观数据再检验 / 116

五、区域异质性分析 / 118

六、小结与启示 / 120

第五章 数字经济发展中流动人口技能结构的变化 / 122

一、数字经济发展中的就业情况 / 122

二、文献综述 / 125

三、流动人口就业技能结构与理论模型 / 130

四、数据说明与实证分析 / 136

五、异质性分析 / 147

六、小结与启示 / 149

第六章 人力资本对新就业形态劳动者权益的影响 / 151

一、我国新就业形态劳动者人力资本的特征事实 / 151

二、人力资本对劳动者权益的影响的历史与现状 / 158

三、人力资本对新就业形态劳动权益的影响 / 161

四、技术进步对劳动者权益的影响 / 167

五、小结与启示 / 169

第七章 数字经济发展中青少年就业新特征：以北京地区为例 / 171

一、青少年就业问题的重要性 / 171

二、数字经济发展中北京青少年发展变化的总体特征 / 173

三、数字经济发展中北京青少年人力资本的新特征、
新趋势 / 177

四、数字经济发展中北京青少年经济参与新问题 / 181

五、新时代北京市青少年友好发展契机 / 189

第八章 青年就业与择业问题 / 191

一、青年是就业优先战略的重点群体 / 191

二、本书相关调查研究中所反映出的青年就业认知偏差 / 192

三、劳动教育培养大学生就业观的意义 / 196

四、发挥劳动教育端正大学生就业观的现实途径 / 199

第九章 数字经济发展中人才培养的新要求、新困境和新路径 / 203

一、数字经济发展中高技能人才培养的新需求 / 203

二、高技能人才培养的新困境 / 208

三、数字技术赋能高技能人才培养的新路径 / 212

参考文献 / 217

导论

数字经济发展中人力资本创新的意义

一、本书研究目标

新质生产力，是创新起主导作用，摆脱传统经济增长方式、生产力发展路径，具有高科技、高效能、高质量特征，符合新发展理念的先进生产力质态①。创新驱动成为"新"的关键，新质生产力的核心要义是"以新促质"，以创新驱动高质量发展。新质生产力是由技术革命性突破、以劳动者、劳动资料、劳动对象及其优化组合的质变为基本内涵，以全要素生产率提升为核心标志②。加快培育新质生产力要把握好人力资本创新的关键，具体体现在三个方面的协同发展：一是人力资本的积累，打造新型劳动者队伍，包括能够创造新质生产力的战略人才和能够熟练掌握新质生产资料的应用型人才；二是创新技术的应用，特别是掌握关键核心技术，赋能发展新兴产业；三是人力资本的使用，塑造适应新质生产力的生产关系，通过改革开放着力打通束缚新质生产力发展的堵点卡

---

① 习近平的新质生产力"公开课"［EB/OL］. 人民日报客户端，2024 – 03 – 07.
② 北京日报理论周刊｜2023 年理论视野中的十大热点［N］. 北京日报，2023 – 12 – 25.

点，让各类先进优质生产要素向发展新质生产力顺畅流动和高效配置①。数字化转型是培育新动能、孕育新质生产力的关键，这需要关注数字经济发展中人力资本积累与使用的特征，以及人力资本创新的表现。根据新质生产力发展的战略目标和我国教育、人才、科技发展的数据支撑，根据我国"十四五"经济社会发展的战略目标和"七普"的数据支撑，本书研究人力资本与经济社会发展变化的目的有以下三点。

（1）伴随技术进步，我国劳动力市场技能结构变化趋势呈现出独特的特征趋势（World Bank，2016；纪雯雯，2020）。为此，本书研究将基于第七次全国人口普查数据（以下简称"七普"数据）测量我国人力资本水平、就业结构，地区分布密度及行业集中程度，并结合前期准备的相关数据，分析我国人力资本与经济社会发展变化的新情况和新趋势。

（2）从创新投入角度而言，2010年我国劳动年龄人口达到峰值后人口红利逐渐消失，也带来人力资本改善减慢（蔡昉，2021）。从产出弹性角度而言，中国科学院研究表明，我国创新不足是因为难以将人力资本转化为推动创新的主要力量。人力资本创新投入不足且产出弹性小，无疑影响了我国当前创新驱动高质量发展。为此，本书将采用计量回归法识别人力资本对创新的影响弹性。

（3）从和谐劳动关系的角度提出人力资本持续提升的可行性。经济新常态以来，新就业形态成为稳定就业的蓄水池和青年就业的主要渠道。国际劳工组织（2021）数据显示，新就业形态中劳动者的高等教育比例远远高于传统就业方式。一方面数字技术普及为人力资本带来更多工作和收入机会；另一方面人力资本和低技能劳动力一样面临劳动权益保障缺失的困境。为此，本书采用皮尔逊相关系数分析"十四五"期间的数字技术普及、人力资本就业及劳动关系变化的相关趋势，从和谐劳动关系的角度提出人力资本持续提升的可行性。

---

① 新质生产力是什么？如何发展？[N]．人民日报，2024－01－15．

二、本书研究意义

第一，为国家实现人力资本预期目标提供科学的数据支撑。人力资本反映了经济社会发展和变化的结果。据《中华人民共和国国民经济和社会发展第十四个五年规划和 2035 年远景目标纲要》，"十四五"时期经济社会发展主要目标提出，全民受教育程度不断提升，劳动年龄人口平均受教育年限提高到 11.3 年。本书基于"七普"数据测量和分析人力资本现状，结合经济社会发展为国家实现人力资本预期目标提供科学的数据支撑和科学路径。

第二，为人力资本促进创新发展提供优化配置分析。创新是我国实现高质量发展的关键。普里切特（Pritehett，2001）认为发展中国家劳动力市场的不完善和制度性因素导致人力资本难以有效促进创新。为此，估计人力资本创新弹性有利于为促进创新发展提供优化配置分析。

第三，为人力资本持续提升提供和谐劳动关系的保障。经济社会发展取决于人力资本的积累及响应教育、健康和需求的基础设施（世界银行，2019）和制度保障（Acemoglu，2001）。新就业形态虽然为人力资本创造了工作和收入的机会，但缺乏相应的劳动权益保障。为此，需要找到和谐劳动关系的平衡点，保障人力资本的持续提升。

三、本书主要研究内容

除导论外，本书包含九个方面内容：一是人力资本的内涵与测算指标；二是我国人力资本变化的特征事实；三是人力资本水平与结构对我国技术进步与创新的影响；四是数字化基础设施发展中人力资本密度对创新的影响；五是数字经济发展中流动人口技能结构的变化；六是人力资本对新就业形态劳动者权益的影响；七是数字经济发展中青少年就业新特征；八是青年就业与择业问题；九是数字经济发展中人才培养的新要求、新困境和新路径。

（一）人力资本的内涵与测算指标

本书利用全国人口普查数据研究 2010～2020 年我国人力资本的教育与健康情况。教育方面，人力资本水平逐渐提高。大专及以上学历人口占比从 2010 年的 9.69% 上升为 2015 年的 11.77%，2020 年增加为 16.51%。6 岁及以上人口的平均受教育年限从 2010 年的 8.372 年上升为 2015 年的 8.625 年，2020 年变为 9.208 年。[①] 伴随着数字经济的发展，人口质量不断提升，与此同时也表现出农村落后于城市、女性低于男性、中西部地区落后于东部地区，以及各民族差异的特征。健康方面，从健康人力资本指数、健康程度分布、婴儿死亡率、预期寿命四个维度进行测算，结果显示，人力资本水平不断提高，但仍存在性别和城乡差异。面对技术冲击和老龄化的双重挑战，在数字经济发展中，我国需要继续不断提高人力资本的教育和健康水平，以应对挑战，并不断缩小教育和健康水平的性别差异、城乡差异、地区差异、民族差异。

（二）我国人力资本变化的特征事实

数字经济正成为我国转变经济增长方式、优化经济结构的重要抓手，数字经济占国内生产总值（GDP）的比重逐年上升，由 2005 年的 14.2% 增加至 2020 年的 38.6%[②]。数字经济发展中，处于创新驱动的新阶段，创新能力和水平保持持续提升，无论是创新投入、创新产出，还是创新成效进一步显现。基于历次人口普查和历年《中国劳动统计年鉴》等相关数据，从综合水平、总量、增量、结构配置及空间分布三方面分析我

---

① 作者根据第六、第七次全国人口普查数据以及 2015 年全国 1% 人口抽样调查数据测算。
② 中国信通院：《2021 年中国数字经济发展白皮书》（全文）［EB/OL］. 网经社，2021 - 04 - 28.

国人力资本变化的特征事实。一是人力资本综合水平体现为：教育型人力资本持续提高，健康型人力资本显著优化，流动型人力资本进一步扩大，并持续向东部地区聚集。东部地区人口聚集以广东、浙江、江苏为主。二是从总量和增量分析我国人力资本红利的变化及趋势，以及中美教育和经济追赶变化。一方面，低生育率背景下，教育高速发展，反而使总人力资本得到提升，抵消人口红利不断下降带来的负面影响，实现从人口红利向人力资本红利的转变。另一方面，中国相对于美国的教育追赶速度始终高于经济追赶速度，教育红利为中国经济的起飞和跨越提供了丰富的人力资本基础。三是从结构配置和空间分布分析我国人力资本密度及变化。一方面，从分行业劳动力教育结构而言，呈现出"先凸后凹"、渐强趋势向上极化。另一方面，地区间人力资本配置非均衡，北京、上海和天津仍然是高教育水平人口集聚地。

（三）人力资本水平与结构对我国技术进步与创新的影响

随着人口老龄化，我国人力资源总量增长出现放缓，但人力资本水平与结构持续显著改善，这为数字经济发展与创新贡献了新型劳动者队伍和人才大军。通过融合、发展主流经济学内生增长理论，我国构建了一个包含住户、产品厂商、研发部门的一般均衡内生增长模型。人力资本作为劳动的"效率增强因子"，其增长会直接促进全要素生产率的增长；与此同时，人力资本水平（在跨越某一阈值之后）还会通过增进技术扩散或创新的效率促进全要素生产率的提升，并且被考察经济体越接近技术前沿，技术进步越依赖自主创新，同等人力资本水平下技术进步的速率越低。随着人均物质资本与人力资本存量的积累，经济增长将内生地经过三个阶段：主要依赖物质资本积累的要素驱动阶段、依赖人力资本积累与技术引进或模仿创新的效率驱动阶段，以及依赖人力资本积累与自主创新的创新驱动阶段。本书利用全国第五、第六、第七次人口普查以及期间两次1%人口抽样调查的微观数据，阐述了人力资本积累促进技术进步与经济内生增长的微观基础和作用机制，并利用2000～2020年历次人口普查、1%人口抽样调查微观数据的地市级加总数据，检验了理论假设，估计了人力资本水平与结构对我国不同地区的创新和技术进步的潜在影响，继而就我国实现从"人口红利"向"人力资本红利"的增长动力转换提出若干政策启示与建议。为了促进我国人力资本水平与结构的持续优化，实现经济高质量发展，我国需要在进一步加大教育经费投入的同时，着力促进教育公平，顺应地区所处发展阶段的要求优化人力资本结构，并通过进一步改善收入分配，推进人力资本的"深化"与"均化"。

（四）数字化基础设施发展中人力资本密度对创新的影响

信息基础设施作为新基建的核心内容，是国家实施创新驱动发展战略的重要支撑之一。识别信息基础设施建设对创新的影响，以及支撑人力资本在创新中发挥的重要作用是数字经济发展中实现创新驱动发展战略的基础保障。本章基于知识生产函数，收集目前可获得数据中较为详实和准确的 Incopat 专利数据库专利数据，匹配 2008～2018 年城市面板数据，利用 2013 年的"宽带中国"政策实施构造准自然实验，采用双重差分法识别信息基础设施建设、人力资本密度对创新的影响。本书第四章研究结果表明：我国信息基础设施建设具有很大的正向外部性，显著提升城市创新水平，"宽带中国"政策实施增加示范城市万人专利拥有量的 10% 左右，政策效应随时间进一步增强，并且在高收入城市、非资源型城市和东部城市提升作用相对更大。人力资本密度对城市创新依旧保持正向作用，并且信息基础设施为人才交流提供新连接基础，人力资本通过"网络交流"和"移动电话交流"对创新的溢出效应大于"面对面交流"对创新的溢出效应，并且低收入城市、资源型城市、西部城市溢出效应相对更大。为此，完善国家创新体系不仅要重视作为传统要素的人力资本发挥的核心作用，更要注意信息基础建设在知识生产和人力资本溢出效应中扮演的新角色。当前我国数字经济迈向全面扩展期：一方面，有序稳妥推进新型基础设施建设升级，选择高收入、非资源型和东部城市作为新型基础设施建设和智能升级的示范点；另一方面，注重网络信息平台建设和开源发展，引导人力本配置到低收入、资源型和西部城市，推动创新资源共建共享，促进创新模式开放化演进。

（五）数字经济发展中流动人口人力技能结构的变化

基于任务偏向型技术进步视角，本书构建了测量就业岗位技能结构的指标，利用第七次人口普查数据和 2011 ~ 2018 年流动人口监测数据发现：流动人口就业岗位技能结构呈现单一方向、不同程度向上极化的特征，表现为低技能岗位占比下降，中、高技能岗位占比快速上升，且中等技能岗位增速快于高技能岗位。考虑到个人特征、行业和地区数字化发展，多层线性模型研究结果表明：第一，人力资本和数字经济发展是促进流动人口就业技能结构向上极化的重要原因，其中数字经济发展的促进作用超过 1/3，并且行业数字化效应大于城市数字化效应；第二，数字经济发展的影响主要体现在行业数字化和城市"宽带中国"政策实施，而城市数字基础设施建设影响则不显著；第三，个体影响主要表现为男性、非农户口，以及国有就业均促进高技能岗位就业份额增加，反映出流动人口就业技能结构向上极化中的性别差异、"户籍分割"和"所有制分割"的特点；第四，数字经济发展增加了受教育流动人口在中等技能岗位的就业份额，行业数字化增加了男性和非农户籍流动人口在高等技能岗位的就业份额。本书不仅丰富了技术进步中就业技能结构变化的经验研究，也拓展了技术进步对移民就业影响的解释，有助于数字经济中更高质量和更公平的劳动力市场建设。

（六）人力资本对新就业形态劳动者权益的影响

伴随数字经济发展，新就业形态不断涌现。我国新就业形态劳动者人力资本的特征主要表现在以下几个方面：一是从供给侧而言，我国劳动力人力资本水平提升、结构优化；二是从需求侧而言，数字经济发展创造新就业形态；三是新就业形态劳动者的人力资本水平不断上升，高等教育比例加大；四是灵活就业群体行业差异明显，当前主要集中在建筑业、制造业和批发零售行业；五是青年创业群体受教育程度较高，创业带动就业特征显著。本章将从历史分析、现状表现，工作时间，社会保险缺失问题、职工培训保障缺失问题，以及青年农民工人力资本短板，分析劳动者权益方面的问题。

（七）数字经济发展中青少年就业新特征：以北京地区为例

青年是国家经济社会发展的生力军，当前我国经济正处于转型结构升级时期，经济高质量发展对青少年素质提出了更高的要求。本书聚焦新时代北京青少年人力资本积累的新特征、新问题、新趋势，采用统计分析的方法研究第七次全国人口普查数据，研究结果表明，新时代北京青少年受教育水平较高，并呈现教育性别逆转的新特征。新时代北京青少年存在城乡教育差距大，且性别差距不同的新问题。新时代北京青少年经济参与呈现就业向上极化，且向第三产业和信息行业集中就业的趋势。利用数字经济发展和教育内涵式发展的契机，有助于确保新时期北京市青少年友好型发展。

（八）青年就业与择业问题

在数字技术发展中，伴随人力资本积累的急速增加，劳动力市场中的青年人力资本必然会面临人力资本投资收益率降低、人力资本匹配等问题。当前我国青年人力资本在劳动力市场中的问题集中表现为大学生就业问题，表现为青年失业率高、大学生慢就业、懒就业，以及大学生就业观念不理性、就业心态迷茫、就业态度消极、就业偏个体取向等一系列问题。需求侧，人工智能、数字化等新技术不断地发展，冲击了传统就业岗位和就业方式，形成结构性压力；国内外宏观经济缓慢复苏，减少了企业派生性用工需求，形成周期性压力。供给侧，高校毕业生就业存在观念和行动偏差。观念上，毕业生倾向于"择业优于就业"，希望找到与个人兴趣能力匹配度最高的工作岗位。行动上，国家、社会和学校希望青年能够做到"就业先于择业"。本章探讨了劳动教育在培育积极的就业态度、塑造正确的就业取向、提振就业信心、激发高水平创新创造等方面可发挥的积极作用。从独立开设劳动教育必修课、在学科专业中有机渗透劳动教育、在课外校外活动中安排劳动实践、在校园文化建设中强化劳动文化，构建劳动教育与思政教育、专业教育、就业教育、创新创业教育深度协同的新格局的角度，给出塑造大学生科学理性的就业观的政策建议。

（九）数字经济发展中人才培养的新要求、新困境和新路径

随着大数据、云计算、人工智能、区块链等新技术逐渐进入经济社会各领域，高技能人才成为链接技术创新与生产实践的核心要素。然而，无论从国家战略人才建设的要求、国际人才规模对比而言，还是从当前技术进步和新质生产力发展而言，我国人力资本尚未满足要求。技能作为人力资本模型的子概念，社会经济发展中技能人才培养面临困难，一是认知能力培养难以传承缄默知识，限制了技能水平的提升；二是非认知技能教育缺乏知识框架，降低了技能供求匹配度。为此，本书通过对高技能人才培养的实然困境进行分析，从以下三方面给出路径分析：一是数字赋能缄默知识活化，优化技能教学资源供给，建构技术技能发展模型；二是创新技能人才培养模式；三是建立技艺参数反馈机制，提高技能人才培养水平。

第一章

人力资本的内涵与测算指标

改革开放 40 多年以来，我国人口结构变化与经济社会发展密切相连，庞大且持续扩大的劳动力资源是中国经济奇迹的基础条件。目前在人口老龄化已经成为不可逆转的常态下，人口质量和结构更是成为影响国家发展的基础性、长期性、战略性因素，教育提升和全民健康是提升我国人力资本的核心途径，只有持续提高人力资本，才能应对人口结构转型的新挑战，更好实现"十四五"时期经济高质量发展。本章从人力资本的内涵界定入手，在数据可及前提下，构建了教育型人力资本和健康型人力资本的测算方法，主要使用第七次全国人口普查数据测算了相关数据，并对城乡、性别、地区和民族间的教育型和健康型人力资本进行了对比，得出了有益的启示并指引了未来政策作用的方向。

一、人力资本内涵界定

萨缪尔森和诺德豪斯（2004）认为人力资本是人们在其接受教育和培训过程中积累起来的有用有价值的技术和知识。人力资本投资体现为卫生健康投资、教育和培训、劳动力迁移、工作搜寻和"干中学"经验积累。而人力资本的投资期贯穿于人们的整个生命周期。包括早期儿童阶段时获得的基本语言和数学知识技能、学习的态度、行为习惯；青少年时期至进入劳动力市场之前接受的正规学校教育；进入劳动力市场之后的培训、干中学、迁移、工作搜寻。

（一）人力资本的不同形式

1. 教育与培训

教育是人力资本投资的重要方式之一。通过教育投资能够提高人力资本水平。传统的教育体系包括小学、初中、高中和大学，主要是通识教育，着重于提高一般认知能力。一般可以通过受教育年限和受教育程度构成来判断和比较人力资本水平。

正规教育结束后，人力资本的积累没有停止。培训是与教育同样重要的人力资本积累途径（Schultz，1961）。在职培训对人力资本水平提高有重要作用，不仅可以使劳动力获得新的技能，而且还能提高生产力（Becker，1962），促进收入增加。在职培训主要用于培养劳动力的职业能力。它与传统教育相互补充，使得劳动力的一般认识能力和专业技能都得到提高。

2. 健康

健康是人力资本的另一重要组成部分。健康水平的提升，使得人口寿命得以不断延长，人口的发展质量不断增强。劳动者的健康水平是劳动力发展的保障，只有不断地对健康进行投资，才能够满足生活和工作的需要。所以，健康的人力资本是不可忽视的。

3. 工作搜寻和干中学

工作搜寻有利于劳动力更好地实现人力资本配置，获得更为满意的工作及工资。"干中学"是专用性人力资本重要的积累途径。技能的积累可以通过"干中学"来实现，劳动力在工作中通过学习新的技能和运用原来的技能增加他们的生产力。

4. 迁移

劳动力流动也是人力资本投资的重要形式之一。流动的类型主要包括四类：工作改变但职业和居住地不变、职业间流动但不涉及地点变换、地区间流动但不涉及职业改变、伴随着职业改变的跨地区流动。劳动力通过流动能够不断优化人力资本的配置，接触新事物，积累人力资本，提高知识和能力水平。

（二）研究范畴与内涵界定

我国面临人口老龄化、人口质量亟待提升的问题，而要提高人口质量，接受正规教育是重要的途径。自 1999 年大学扩招以来，我国教育人力资本水平已经不断提升，但提升的程度如何需要进一步进行测算，以了解具体情况。另外，在人口老龄化的压力下，政府部门也在考虑实施延迟退休政策，那么老年人的健康水平如何，则是延迟退休政策能否实施的重要考虑方面。教育和健康人力资本是"十四五"时期人力资本构成中非常重要的部分，所以本章基于全国人口普查数据，主要从教育水平、健康水平这两个维度来研究我国人力资本水平，将人力资本内涵界定为教育人力资本和健康人力资本。

二、人力资本测算方法

宏观层面人力资本测量的方法主要有：国际学生评价项目（PISA）、OECD 国际成人能力评估（PIAAC）、Barro-Lee 国际教育数据库、包容性财富人力资本（Inclusive Wealth Human Capital）、Jorgenson-Fraumeni 终身收入法、世界银行提出的无形资产法和美国华盛顿大学卫生计量与评估研究所提出的人力资本综合指数。根据国家统计局发布的第七次全国人口普查公报，涉及人力资本测算的调查指标主要包括教育、健康、迁移。本章重点测算教育人力资本和健康人力资本情况。根据数据实际情况，本章给出了所采用的具体核算方法和过程。

（一）教育人力资本核算方法

根据全国人口普查数据的实际情况，本章主要使用 6 岁及以上人口的平均受教育年限及受教育程度分布（尤其是大专及以上人口占比)①，两个指标来衡量我国的教育人力资本情况。计算 6 岁及以上人口的平均受教育年限及受教育程度分布情况及变化趋势。

由于全国人口普查数据中没有直接调查受教育年限，所以需要根据受教育程度来估算平均受教育年限，本章具体的计算方法如下。

首先，根据我国各教育阶段的实际情况，将未上过学的人口的受教育年限赋值为 0，将受教育程度为小学的人口的受教育年限赋值为 6，将初中人口的受教育年限赋值为 9，将高中/中职人口的受教育年限赋值为 12，将大专学历人口的受教育年限赋值为 15，将本科学历人口的受教育年限赋值为 16，将研究生学历人口的受教育年限赋值为 19，将博士学历人口的受教育年限赋值为 21。②

其次，本章核算的是 6 岁及以上人口的受教育年限情况，其中一部分人口并没有完成学业，处于在校阶段或是中途辍学。为了更为精准地计算受教育年限，针对这两种情况，采用如下核算方法。

如果被调查者受教育程度为小学且年龄为 6～12 岁，则受教育年限为年龄减去 6，因为根据《中华人民共和国义务教育法》的规定，年满 6 周岁儿童应当入学接受义务教育。如果受教育程度为初中且年龄为 13～15 岁，对应受教育年限为年龄减去 6。如果受教育程度为高中且年龄为 16～18 岁，对应受教育年限为年龄减去 6。如果受教育程度为大专且年龄为

---

① 根据实际情况，研究中本章也会适当调整年龄段。

② 由于 2010 年、2015 年调查中研究生学历包括硕士和博士，并没有进一步区分，所以在 2010 年、2015 年中如果受教育程度为研究生，则将受教育年限值设置为完成硕士教育时一般的教育年限 19 年，这可能会导致这两年的结果被低估，但实际中博士学历人口很少，对结果的影响较小。

19~21岁，对应受教育年限为年龄减去6。如果受教育程度为本科且年龄为19~22岁，对应受教育年限为年龄减去6。如果受教育程度为硕士研究生且年龄为23~25岁，对应受教育年限为年龄减去6。如果受教育程度为博士研究生且年龄为26~28岁，对应受教育年限为年龄减去6。

最后，在得到个体受教育年限的基础上，计算6岁及以上人口的平均受教育年限。

（二）健康人力资本测算方法

根据全国人口普查数据的实际情况，本章主要采用健康人力资本指数、健康程度分布、婴幼儿死亡率和预期寿命，四个指标来衡量我国的健康人力资本情况。在健康人力资本指数测算方面，主要使用归一化的处理方式构建健康人力资本指数，具体方法如下。

将健康的四个级别健康、基本健康、不健康但生活能自理、不健康且生活不能自理，按数值型处理，分别赋分4、3、2、1，个体的健康人力资本指数测算公式为：

$$h_i = \frac{x_i - \min x_i}{\max x_i - \min x_i}, i = 1, 2, 3, \cdots, n \qquad (1-1)$$

其中，h_i代表健康人力资本指数，x_i代表个体健康水平分值，$\min x_i$是最小健康水平分值，即为1；$\max x_i$为最大健康水平分值，即为4，i为观测个体。

得到个体的健康人力资本指数后，进一步测算60岁及以上人口平均的健康人力资本指数。此外，由于调查中没有调查60岁以下人口的健康水平，所以本章将18~59岁劳动力的健康水平赋分为4分（满分），以对比分析老年人的健康水平与18~59岁劳动力的健康水平差异。

在核算健康人力资本时，除了构建健康人力资本指数外，还利用健康分布情况来描绘老年人口的健康变化情况，也使用婴幼儿死亡率和预期寿命指标从多维度来分析我国的健康人力资本水平。为得到婴幼儿死亡率和预期寿命两个指标，需要辅助《中国卫生健康统计年鉴》数据。

三、我国教育人力资本现状

（一）6 岁及以上人口受教育程度分布变化情况

图 1-1 和图 1-2 描绘了 2010 年、2015 年、2020 年 6 岁及以上人口受教育程度分布情况。可以看出，在 2010 年和 2015 年，占比最高的都是初中学历人口，大约占到 40%，其次是小学、高中、大专及以上学历人口，未上过学的比例都比较低。与 2010 年和 2015 年相比，2020 年初中学历人口的比例仍然最大，但大专及以上学历人口占比大幅度提升，且超过了高中学历人口比例。在 2010～2020 年间人口的受教育程度有了明显提高。2010 年、2015 年、2020 年高中学历人口出现先增加后下降的趋势，高中学历人口占比由 2010 年的 14.56% 上涨为 2015 年的16.83%，2020 年有所下降，变为 16.13%。而大专及以上人口占比都

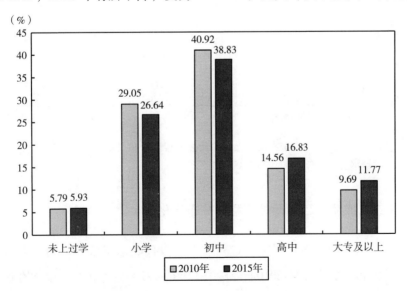

图 1-1　6 岁及以上人口受教育程度分布

资料来源：第六次全国人口普查以及 2015 年全国 1% 人口抽样调查数据。

出现了增加趋势。大专及以上人口占比由 2010 年的 9.69% 上升为 2015 年的 11.77%，又增加为 2020 年的 16.51%（见图 1 – 3），大专及以上学历人口比例更能反映出高质量人力资本情况，这部分人口比例的增长，说明我国优质人力资本的增加。而小学和初中学历人口占比都呈现出下降趋势。小学学历人口比例由 2010 年的 29.05% 减少到 2015 年的 26.64%，2020 年下降到 26.41%。初中学历人口比例则由 2010 年的 40.92% 降低为 2015 年的 38.83%，2020 年进一步下降，变为 37.03%。整体来看，我国的教育人力资本水平从 2010 年至 2020 年不断增加，人口质量不断提高。

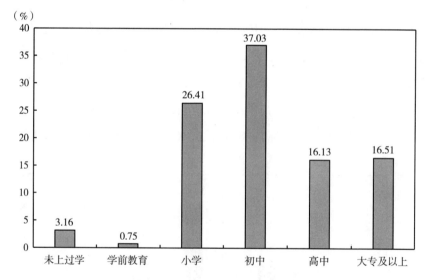

图 1 – 2　6 岁及以上人口受教育程度分布（2020 年）

资料来源：第七次全国人口普查数据。

（二）在学人口的受教育程度分布变化

在学人口的受教育程度一定程度上可以代表未来劳动力的人力资本情况，所以本章考察了 2010 年和 2020 年 6 ~ 35 岁在学人口的受教育程度分布情况（见图 1 – 4）。由图 1 – 4 可知，在学人口中大专及以上学历人口占比 2010 年的 13.02% 增加到 2020 年的 16.81%，上升了 3 个百分

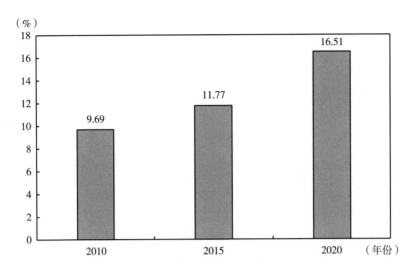

图1-3　6岁及以上人口中大专及以上学历人口占比变化

资料来源：第六、第七次全国人口普查以及2015年全国1%人口抽样调查数据。

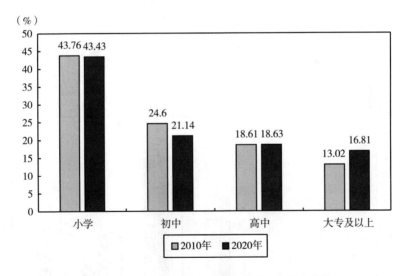

图1-4　6~35岁在学人口的受教育程度分布变化

资料来源：第六、第七次全国人口普查数据。

点。而初中学历人口占比明显减少，从2010年的24.6%下降为2020年的21.14%。小学和高中学历人口的比例变化不大。这说明未来劳动力的教育人力资本将不断提升。

（三）城乡受教育程度分布差异

分城乡来看，2020 年城市 3 岁及以上人口中大专及以上学历人口占比为 27.12%，镇人口中的比例为 13.38%，明显低于城市人口，村人口中大专及以上学历人口占比仅为 4.76%，相较于城市人口低约 22 个百分点，较镇人口也低约 8 个百分点，差异较大（见图 1－5）。而村人口中小学和初中人口的比例相对较高。反映出城乡间的高学历人口比例差距十分明显，城市人口的受教育水平最高，其次是镇人口，村人口的受教育水平最低。这与城乡间的教育资源差异有关，一定程度上反映出农村地区在教育上的劣势，也与城市对高学历人口的吸引密切相关，接受过更多教育的农村人口会更多选择迁移到城市，在城市定居，这也会弱化农村人口的教育水平。此外，可以观察到农村人口中未上过学的比例较高，为 5.94%，镇人口的比例为 3.06%，而城市人口中未上过学的比例仅为 1.71%。出现这种差异，一方面是因为相比于城市，农村低龄儿童更多没有接受学龄前教育，另一方面是因为农村高龄人口本身从来没有接受

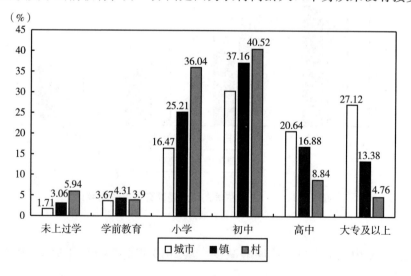

图 1－5　3 岁及以上城乡人口的受教育程度分布（2020 年）

资料来源：第七次全国人口普查数据。

过教育的比例很高。

（四）不同性别人口受教育程度分布差异

分性别来看，2020 年男性 3 岁及以上人口中未上过学的比例明显低于女性，男性比例为 2.07%，女性比例为 5.11%，相差了 3 个百分点（见图 1－6）。可能是因为幼儿女童相较于男童更多没有接受学龄前教育，也可能是因为女性高龄人口接受过教育的比例低，但都反映出女性没能像男性一样接受教育。同时也发现，女性中小学学历人口比例（27.63%）高于男性（23.57%），而男性中大专及以上学历人口占比为 15.99%，略高于女性（15.76%）。此外，男性接受初、高中教育的比例也高于女性 ［男性初中（37.66%）vs 女性初中（33.45%），男性高中（16.73%）vs 女性高中（14.24%）］，男性较女性具有更高的教育水平。这表明在教育获得上，男性更多地接受了教育，女性处于劣势地位。这种受教育程度上的性别差异，一定程度上反映出家庭在教育资源分配上的性别不平等。

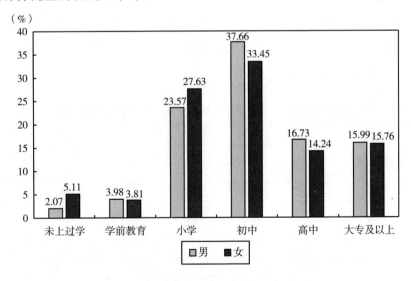

图 1－6 3 岁及以上不同性别人口的受教育程度分布（2020 年）
资料来源：第七次全国人口普查数据。

（五）各省份大专及以上学历人口比例差异

不同省份人口的受教育程度存在明显差异。2020 年在北京 3 岁及以上人口中大专及以上学历人口比例占到了 43.06%，比例相当高，排在所有省份的第一位。排在第二位和第三位的分别是上海和天津，大专及以上学历人口占比虽不及北京，但也很高，分别达到 34.5% 和 27.58%（见表 1 - 1）。整体来看，东部省份排名比较靠前，如江苏、浙江、广东，分列第 5、第 10 和第 13 位，大专及以上学历人口占比分别为 19.11%、17.42%、16.27%。而排在后几位的多是中西部省份，如广西（11.24%）、贵州（11.46%）、西藏（11.56%）、云南（12.04%）、河南（12.14%），位于倒数 5 位。这五个省份与排名第一的北京相比，大专及以上学历人口比例比北京低了近 30 个百分点。当然，也有一些中西部省份排在较高的位置，如内蒙古排到了第 4 位，大专及以上学历人口占比为 19.15%，但只是少数。东北三省中辽宁排在第 7 位，吉林排在第 11 位，黑龙江排在第 18 位，大专及以上学历人口占比分别为 18.55%、17.03%、15.00%。这些数据表明，东部地区教育人力资本更高，人口质量更好，这有利于东部地区的发展，而中西部地区人口教育水平相对较弱，地区间的人口质量差异较大。

表 1 - 1　2020 年各省份 3 岁及以上人口中大专及以上学历人口占比　　单位：%

排名	省份	比例
1	北京	43.06
2	上海	34.50
3	天津	27.58
4	内蒙古	19.15
5	江苏	19.11
6	陕西	18.99
7	辽宁	18.55
8	宁夏	18.03
9	山西	17.86

续表

排名	省份	比例
10	浙江	17.42
11	吉林	17.03
12	新疆	16.94
13	广东	16.27
14	湖北	15.95
15	重庆	15.82
16	青海	15.45
17	甘肃	15.04
18	黑龙江	15.00
19	山东	14.86
20	福建	14.61
21	海南	14.42
22	安徽	13.72
23	四川	13.62
24	河北	12.79
25	湖南	12.61
26	江西	12.29
27	河南	12.14
28	云南	12.04
29	西藏	11.56
30	贵州	11.46
31	广西	11.24

资料来源：第七次全国人口普查数据。

（六）各民族大专及以上学历人口比例差异

在不同民族人口中受教育程度也存在很大差异。2020 年在 3 岁及以上人口中大专及以上学历人口占比最高的是俄罗斯族，比例达到了近 40%，其次是赫哲族（35.44%）和塔塔尔族（34.61%），大专及以上学历人口比例都很高（见表 1-2）。排在第 4~10 位的分别是鄂伦春族、高山族、鄂温克族、裕固族、达翰尔族、锡伯族、乌孜别克族，大专及以上学历人口比例分别为 34.52%、31.13%、26.81%、26.53%、25.92%、25.17%、24.55%。

表 1-2　　各民族 3 岁及以上人口中大专及以上学历比例（2020 年）　　单位：%

排序	民族	大专及以上人口占比	排序	民族	大专及以上人口占比
1	俄罗斯族	39.78	29	塔吉克族	12.68
2	赫哲族	35.44	30	毛南族	12.53
3	塔塔尔族	34.61	31	畲族	12.08
4	鄂伦春族	34.52	32	基诺族	11.59
5	高山族	31.13	33	藏族	11.58
6	鄂温克族	26.81	34	侗族	11.47
7	裕固族	26.53	35	独龙族	11.33
8	达斡尔族	25.92	36	壮族	10.17
9	锡伯族	25.17	37	阿昌族	9.83
10	乌孜别克族	24.55	38	怒族	9.61
11	蒙古族	23.07	39	维吾尔族	9.56
12	朝鲜族	19.83	40	水族	9.43
13	纳西族	18.99	41	布依族	9.33
14	满族	18.25	42	瑶族	9.03
15	土族	17.75	43	苗族	8.56
16	羌族	17.41	44	保安族	8.31
17	门巴族	16.80	45	黎族	8.28
18	汉族	16.25	46	彝族	8.14
19	京族	16.03	47	景颇族	8.06
20	普米族	15.44	48	傣族	7.98
21	哈萨克族	15.32	49	布朗族	7.16
22	仡佬族	15.24	50	哈尼族	7.05
23	白族	15.22	51	撒拉族	6.92
24	珞巴族	15.01	52	傈僳族	5.76
25	仫佬族	14.52	53	佤族	5.56
26	柯尔克孜族	14.50	54	德昂族	5.08
27	回族	14.48	55	拉祜族	5.07
28	土家族	12.91	56	东乡族	3.64

资料来源：第七次全国人口普查数据。

　　而较为意外的是，汉族人口中大专及以上学历人口占比仅为 16.25%，只排在第 18 位。虽然汉族人口众多，但是很多少数民族的高学历人口比例都排在汉族前面。反映出一些少数民族人口的受教育水平很高，汉族在教育获得上并没有优势。而排在末位的是东乡族，比例仅为 3.64%，与第一位的俄罗斯族相差了 36 个百分点。倒数第 2 位和第 3 位为拉祜族和德昂族，高学历人口比例较低，在 5% 左右。排在倒数第 4~10 位的分别是佤族、傈僳族、撒拉族、哈尼族、布朗族、傣族、景颇族，其大专及以上学历人口比例分别为 5.56%、5.76%、6.92%、7.05%、7.16%、7.98%、8.06%。表明在不同民族间高学历人口的比例差距较大，而人口众多的汉族并不具有优势。

（七）6 岁及以上人口的平均受教育年限变化

从 6 岁及以上人口平均受教育年限来看，2010~2020 年，我国平均受教育年限明显增加，由 2010 年的 8.372 年上涨到 2015 年的 8.625 年，五年间增加了 0.253 年，之后又上升到 2020 年的 9.208 年，2015~2020 年的五年里增加了 0.583 年，增长幅度较大（见图 1-7）。十年间平均受教育年限共增长了 0.836 年。表明我国的教育人力资本显著提高，平均受教育年限不断增加。

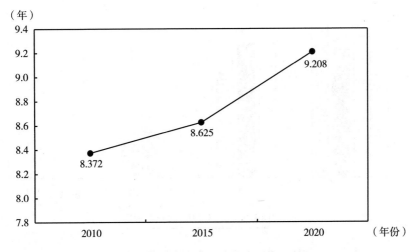

图 1-7　6 岁及以上人口平均受教育年限

资料来源：第六、第七次全国人口普查以及 2015 年全国 1% 人口抽样调查数据。

四、我国健康人力资本现状

(一) 老年人口健康分布情况

1. 老年人口健康分布变化

图 1 – 8 展示了 2010 年、2015 年、2020 年 60 岁及以上人口的健康情况。在 2010 年，健康人口的比例最高，其次是基本健康人口占比。而在 2015 年基本健康的人口比例却是最高，健康人口占比稍低于基本健康人口。到了 2020 年健康人口比例明显增加，基本健康、不健康生活能自理、生活不能自理的比例都有所下降。其中，健康人口比例由 2010 年的 43.88% 减少为 2015 年的 40.60%，但 2020 年大幅度上涨为 54.64%，较 2010 年约高 10 个百分点。基本健康人口占比由 2010 年的 39.20% 上升为 2015 年的 42.44%，又下降为 2020 年的 32.61%，大幅度地下降主要是由健康人口比例增加导致的。由于健康和基本健康多是人们的主观判断，

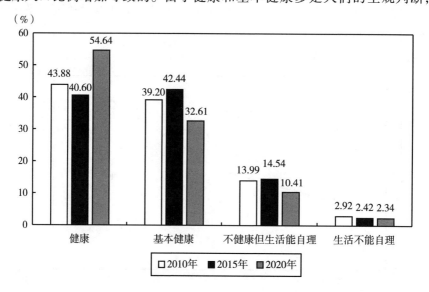

图 1 – 8　60 岁及以上人口的健康情况

资料来源：第六、第七次全国人口普查以及 2015 年全国 1% 人口抽样调查数据。

而生活能否自理相对比较客观。从生活不能自理人口占比来看，在2010～2020年间呈现不断下降趋势，由2010年的2.92%减少为2015年的2.42%，之后下降为2020年的2.34%。不健康但生活能自理的比例从2010～2015年有所提高，而2020年明显下降。由此可以看出，我国老年人的健康水平呈现出提高态势。

2. 分年龄段老年人口的健康分布情况

为考察不同年龄段老年人口在2010～2020年十年间健康水平的变化，本章依据年龄将老年人口分组为60～69岁组别、70～79岁组别、80岁及以上组别。数据显示三个年龄组呈现出类似的趋势：健康人口比例明显增加，基本健康、不健康但生活能自理、生活不能自理三类人口的比例都呈现下降趋势（见图1-9～图1-11）。尤其是在70～79岁人口中，健康人口比例增加幅度更大。

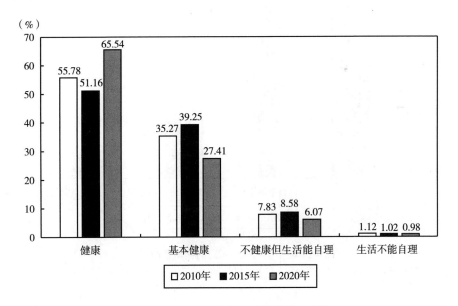

图1-9 60～69岁人口的健康情况变化

资料来源：第六、第七次全国人口普查以及2015年全国1%人口抽样调查数据。

在60～69岁人口中，2010年健康比例为55.78%，2015年为51.16%，而2020年达到65.54%，大约2/3的人口都是健康的，较2010年增加了

10 个百分点左右，增加幅度较大。生活不能自理的人口比例 2010 年为 1.12%，2015 年下降为 1.02%，2020 年进一步下降为 0.98%（见图 1-9）。在 60~69 岁人口中十年间健康水平进一步提升，为今后老年劳动力参加工作，解决劳动力不足问题打下了基础。

由于年龄的增加，相比于 60~69 岁人口，70~79 岁人口健康水平下降。但从 2010~2020 年的十年间，70~79 岁老年人口健康水平得到改善。2010 年健康人口比例为 32.20%，2015 年为 28.41%，2020 年比例为 45.50%，大幅增加。生活不能自理人口比例 2010 年为 3.26%，2015 年为 2.94%，下降明显，2020 年比例为 2.93%，2015~2020 年出现小幅下降（见图 1-10）。由此可知，该年龄段人口健康水平不断提高。

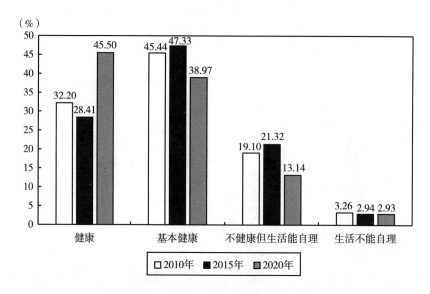

图 1-10 70~79 岁人口的健康情况变化

资料来源：第六、第七次全国人口普查以及 2015 年全国 1% 人口抽样调查数据。

80 岁及以上人口的健康水平，2010~2020 年也有较大改善。健康比例由 2010 年的 19.06% 上升为 2020 年的 28.07%，增加了 9 个百分点。不健康但生活能自理的比例大幅下降，由 2010 年的 29.44% 下降为 2020 年的 23.13%，下降了约 6 个百分点。而生活不能自理人口比例 2010 年为 10.59%，2015 年减少为 9.82%，到 2020 年进一步下降为 8.29%，从 2010~2020 年下降了约 2 个百分点（见图 1-11）。该年龄段老年人口的健康水平也不断提高。预计在"十四五"期间，我国老年人口的健康水平将会进一步提升。

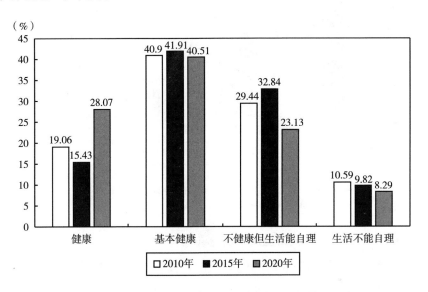

图 1-11 80 岁及以上人口的健康情况变化

资料来源：第六、第七次全国人口普查以及 2015 年全国 1% 人口抽样调查数据。

3. 城乡老年人口健康状况分布差异

分城市、镇、村来考察老年人口的健康分布，图 1-12 描绘了相关情况。可以看出，2020 年城市老年人口的健康水平最好，健康人口比例为 62.98%，显著高于镇人口的 54.77% 和村人口的 48.54%。考虑到是否健康来自主观判断，需要使用更为客观的指标反映城乡人口的健康水平差异。生活自理情况是更为客观的。从生活自理情况来看，村人口中生活不能自理的比例为 2.55%，镇人口为 2.32%，城市人口的比例最低为 2.07%。这些数据表明城乡间老年人口的健康水平存在差异，城市老年人口更为健康，其次是镇人口，村人口的健康水平最差。

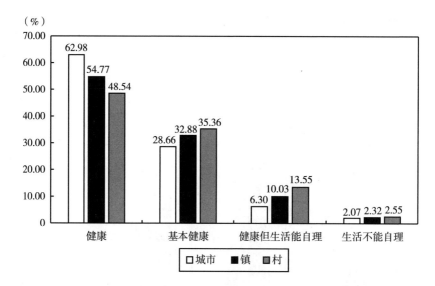

图 1 - 12　城乡 60 岁及以上人口的健康情况（2020 年）

资料来源：第七次全国人口普查数据。

4. 不同性别老年人口健康状况分布差异

分性别来分析老年人口的健康状况，发现男性老年人口的健康水平高于女性。2020 年第七次全国人口普查中男性中回答身体健康的比例为 57.54%，而女性仅为 51.94%，较男性低约 5 个百分点。女性回答基本健康的比例为 34.51%，男性为 30.57%（见图 1 - 13）。这种回答上的差异可能是由男性更为乐观导致的，主观认为自己的身体健康，可能不是真实的健康状况。想要更客观地了解不同性别老年人口的健康差异，需要从生活自理情况来分析。第七次全国人口普查数据显示，女性中生活不能自理的比例为 2.55%，而男性比例略低于女性，为 2.12%，从这一角度来看，男性的健康水平也高于女性。

5. 各省份生活不能自理人口比例

表 1 - 3 报告了 2020 年各省份老年人口中生活不能自理的比例，并从低到高给出了排序。排在第 1 位的是江西，生活不能自理的比例仅为 1.65%，与排名最末的西藏相比，低约 3 个百分点。福建和贵州分列第 2 位和第 3 位，比例分别为 1.72% 和 1.89%。排在第 4～10 位的分别是

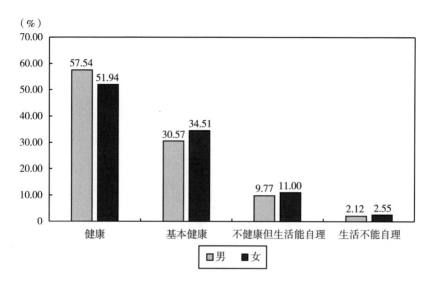

图 1-13 60 岁及以上不同性别人口的健康情况（2020 年）

资料来源：第七次全国人口普查数据。

广东、重庆、湖北、江苏、浙江、陕西、辽宁，生活不能自理的比例分别为 1.96%、1.96%、1.97%、1.98%、2.04%、2.09%、2.10%。新疆和吉林位于倒数第 2 位和第 3 位，生活不能自理的比例分别为 3.32%、3.24%。排在倒数第 4~10 位的分别是青海、上海、内蒙古、河北、山西、北京、宁夏，生活不能自理的比例分别为 3.19%、3.17%、3.15%、2.96%、2.91%、2.85%、2.63%。

表 1-3 2020 年各省份 60 岁及以上人口中生活不能自理比例

排名	省份	比例（%）
1	江西	1.65
2	福建	1.72
3	贵州	1.89
4	广东	1.96
5	重庆	1.96
6	湖北	1.97
7	江苏	1.98
8	浙江	2.04

续表

排名	省份	比例（%）
9	陕西	2.09
10	辽宁	2.10
11	黑龙江	2.11
12	湖南	2.20
13	甘肃	2.25
14	云南	2.28
15	四川	2.35
16	海南	2.45
17	河南	2.46
18	天津	2.47
19	广西	2.53
20	山东	2.55
21	安徽	2.58
22	宁夏	2.63
23	北京	2.85
24	山西	2.91
25	河北	2.96
26	内蒙古	3.15
27	上海	3.17
28	青海	3.19
29	吉林	3.24
30	新疆	3.32
31	西藏	4.56

资料来源：第七次全国人口普查数据。

平均来看，全国老年人口中生活不能自理的比例为 2.34%，有 14 个省份在平均水平之上。在这 14 个省份中仅有 4 个是东部省份（福建、广东、江苏、浙江），中西部地区有 8 个省份，东北地区有 2 个省份。而北京仅排名第 23 位（2.85%），上海排在倒数第 5 位（3.17%），这两个发展水平较高的直辖市，老年人口中生活不能自理的比例却相对较高。表 1－3 中的数据反映出各省份的老年人口生活自理水平存在较大差异，一些经济发达的省份老年人口生活能自理的水平却不高，中西部地区和东北地区的一些省份在老年人口生活自理水平方面表现较好。

（二）健康人力资本指数

1. 老年人口健康人力资本指数变化趋势

本章利用归一化的处理方式，测算了健康人力资本指数，将 18～59 岁人口的健康人力资本指数设为 1，作为对照组。经过测算得到 2010 年 60 岁及以上人口的健康人力资本指数为 0.747，2015 年为 0.737，五年间呈现出略微下降的趋势，但 2020 年上升为 0.799，增长幅度较大（见图 1–14）。与 2010 年相比，2015 年老年人口的健康人力资本指数与劳动年龄人口的差距稍大，而 2020 年老年人口的健康人力资本指数显著增加，与劳动年龄人口的差异明显缩小。反映出老年人口的健康水平不断提高，能够为实施延迟退休政策提供健康支撑。

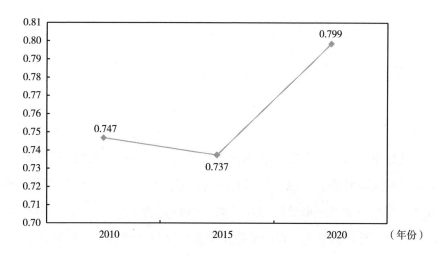

图 1–14　健康人力资本指数变化

资料来源：第六、第七次全国人口普查以及 2015 年全国 1% 人口抽样调查数据。

2. 不同年龄段健康人力资本指数变化趋势

分年龄段来考察，60～69 岁人口的健康人力资本指数 2010 年为 0.819，2015 年为 0.802，2020 年为 0.858，与劳动年龄人口的差距较小，尤其是 2020 年。70 ~ 79 岁人口的健康人力资本指数 2010 年为 0.689，2015 年为 0.676，2020 年为 0.759，与 60 ~ 69 岁人口相比，下降得十分明显。而 80 岁及以上人口的健康人力资本指数进一步下降，2010 年为 0.561，2015 年为 0.553，2020 年为 0.628。三个年龄组人口 2015 年的健康人力资本指数都低于 2010 年，但差异较小，而相较于 2010 年和 2015 年，2020 年各个年龄组人口的健康人力资本指数都明显提高（见图 1－15）。说明不同年龄组的老年人口健康水平都呈现出增长趋势。

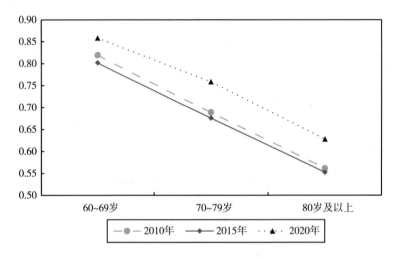

图 1－15　分年龄段的健康人力资本指数
资料来源：第六、第七次全国人口普查以及 2015 年全国 1% 人口抽样调查数据。

从健康人力资本指数的核算来看，60 ~ 69 岁人口的健康情况距离劳动年龄人口较小，这也为我国解决人口老龄化下劳动力供给不足问题提供了依据。如果采取延迟退休政策，可将劳动年龄延长到 60 ~ 69 岁区间，该年龄段的老年人口的健康水平能够支撑此政策。如果要在 60 ~ 69 岁年龄段，选择一个年龄来划定延迟退休线，从健康人力资本指数角度来看，本章认为应该选择 62 岁，因为根据 2020 年第七次全国人口普查数据，60 ~ 62 岁的老年人口健康人力资本指数都在 0.88 以上，非常接近劳动力年龄人口的水平。62 岁之后健康人力资本指数下降幅度逐渐变大（见表 1－4）。

表 1 – 4　　　　　　60 ~ 69 岁人口的健康人力资本指数（2020 年）

年龄（岁）	健康人力资本指数
60	0.895
61	0.887
62	0.880
63	0.874
64	0.866
65	0.857
66	0.848
67	0.836
68	0.826
69	0.814

资料来源：第七次全国人口普查数据。

3. 城乡健康人力资本指数差异

城乡间老年人口的健康人力资本指数存在明显差异。2020 年城市老年人口的健康人力资本指数为 0.842，数值最高，其次是镇人口，健康人力资本指数为 0.800，村人口的健康人力资本指数仅为 0.766（见图 1 – 16）。健康人力资本指数反映了健康水平的高低，第七次全国人口普查数据表明城市人口的健康水平高于镇人口，镇人口的健康水平高于村人口。城乡间表现出健康水平的差距，需要在未来不断加强对农村人口健康的投资，促进城乡人口健康水平的平衡。

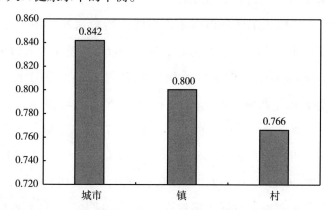

图 1 – 16　城乡 60 岁及以上人口的健康人力资本指数（2020 年）
资料来源：第七次全国人口普查数据。

4. 不同性别人口的健康人力资本指数差异

从不同性别人口来看，2020 年男性老年人口的健康人力资本指数为 0.812，在 0.8 以上，高于女性的 0.786（见图 1 – 17）。表明健康水平存在性别差异，男性的健康水平要好于女性人口，女性的健康人力资本指数低于 0.8。如果要实施延迟退休政策，可适当多增加男性的工作年限，而且很多女性老年人口还需要承担照料孙子女的责任，所以可以适当减小老年女性退休年限的增加幅度。

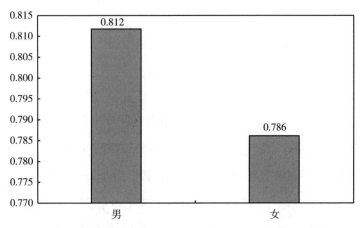

图 1 – 17　不同性别 60 岁及以上人口的健康人力资本指数（2020 年）
资料来源：第七次全国人口普查数据。

5. 各省份健康人力资本指数差异

此外，本章核算了各省份健康人力资本指数情况，并进行了排序，表 1 – 5 报告了相关结果。可以看出，2020 年 60 岁及以上人口的健康水平在各省间差异较大。健康人力资本指数最高的是浙江省，达到了 0.848，而最低的是西藏，为 0.693，相差 0.155。排名前 10 位的省份分别为浙江、福建、贵州、江西、北京、江苏、广东、上海、重庆、山东，健康人力资本指数分别为 0.848、0.842、0.841、0.833、0.833、0.832、0.832、0.830、0.826、0.812，都在 0.8 以上。除贵州、江西、重庆外，其余省份都是东部经济发展水平较好的省份。排名后 5 位的省份分别是宁夏、新疆、青海、甘肃和西藏，都是西部省份，健康人力资本指数分别为 0.744、0.740、0.735、0.734、0.693，五个省份的健康人力资本指数都在 0.75 以下。从健康人力资本指数的角度来看，东部省份老年人口的健康人力资本水平较高，而中西部地区相对较弱，存在明显的地区差异。未来需要加大对中西部省份健康的投资，促进健康水平的地区平衡。

表 1-5　　2020 年各省份 60 岁及以上人口的健康人力资本指数

排名	省份	健康人力资本指数
1	浙江	0.848
2	福建	0.842
3	贵州	0.841
4	江西	0.833
5	北京	0.833
6	江苏	0.832
7	广东	0.832
8	上海	0.830
9	重庆	0.826
10	山东	0.812
11	天津	0.810
12	河南	0.802
13	云南	0.797
14	辽宁	0.795
15	广西	0.785
16	安徽	0.782
17	陕西	0.782
18	海南	0.781
19	湖北	0.780
20	河北	0.780
21	四川	0.776
22	湖南	0.768
23	黑龙江	0.765
24	吉林	0.752
25	山西	0.751

续表

排名	省份	健康人力资本指数
26	内蒙古	0.744
27	宁夏	0.744
28	新疆	0.740
29	青海	0.735
30	甘肃	0.734
31	西藏	0.693

资料来源：第七次全国人口普查数据。

（三）婴儿死亡率

婴儿死亡率是反映健康人力资本的重要方面。如图 1−18 所示，2000～2019 年我国婴儿死亡率大幅下降，由 2000 年的 32.2‰降低至 2010 年的 13.1‰，之后又下降为 2019 年的 5.6‰，健康水平有了很大提升，尤其是在 2000～2015 年，婴儿死亡率下降幅度很大，而婴儿死亡率还有进一步下降的空间。按照现有趋势，进入"十四五"时期后，预计婴儿死亡率会出现进一步的降低。

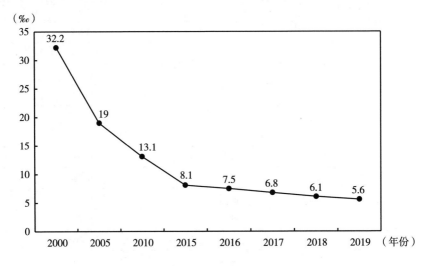

图 1−18　婴儿死亡率

资料来源：《中国卫生健康统计年鉴》。

从第六次和第七次全国人口普查数据来看，2010 年 0 岁儿童的死亡率是 3.82‰，2020 年为 1.53‰，呈现明显的下降趋势。此外，0 ~ 4 岁婴幼儿的死亡率在 2010 年为 1.29‰，2020 年仅为 0.47‰，十年间也大幅下降。反映出我国的健康人力资本水平显著改善。

分城乡来考察婴幼儿死亡率情况。2020 年城市地区 0 ~ 4 岁儿童的死亡率仅为 0.25‰，镇地区为 0.38‰，村为 0.78‰，明显高于城市和镇（见图 1 - 19）。这一数据反映出城市地区儿童死亡率较低，城乡间的健康水平差距较大，在一定程度上也表明城市的医疗资源更好，需要加大对农村的医疗资源投入，不断降低婴幼儿死亡率。

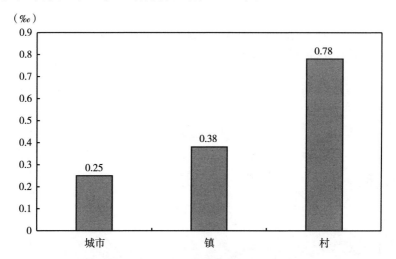

图 1 - 19 城乡 0 ~ 4 岁儿童死亡率（2020 年）

资料来源：第七次全国人口普查数据。

图 1 - 20 报告了 0 ~ 6 岁不同性别儿童的死亡率，数据显示，在 0 ~ 6 岁儿童中，女童的死亡率都低于男童，尤其是在 0 岁儿童中差异更为明显，男童的死亡率为 1.66‰，女童为 1.38‰。在 1 ~ 6 岁儿童中男童和女童死亡率的差异变小，但仍然是男童死亡率更高。

（四）预期寿命

预期寿命是反映健康人力资本的另一重要维度。图 1 - 21 展示了

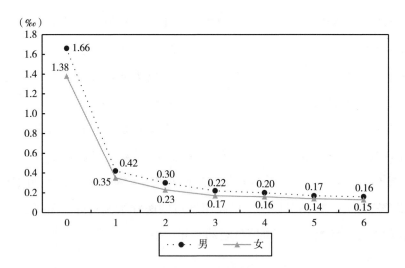

图 1 – 20　0 ～ 6 岁不同性别儿童死亡率（2020 年）

资料来源：第七次全国人口普查数据。

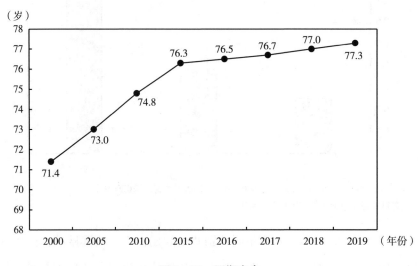

图 1 – 21　预期寿命

资料来源：《中国卫生健康统计年鉴》。

2000 ～ 2019 年我国人口的预期寿命变化情况。可以看出，2000 ～ 2019 年的二十年间，我国人口的预期寿命大幅提高，由 2000 年的 71.4 岁上涨到 2019 年的 77.3 岁，增加了 6 岁左右，在 2010 ～ 2019 年的十年间大约增加了 2.5 岁，反映出我国健康人力资本水平的提升。在我国人口老龄化不断加剧的背景下，预期寿命的增加及健康水平的提高，有利于人口增加工作年限，为实施延迟退休政策提供了可能。

五、小结与启示

"十四五"时期我国面临着劳动力供给短缺的问题，如何提高人口质量，积极利用开发老年人口是重要的议题。本章从教育人力资本和健康人力资本两个方面核算了目前我国人力资本情况。

在教育人力资本核算中，本书采用了 6 岁及以上人口的平均受教育年限以及受教育程度分布两个指标。研究发现，2010～2020 年，我国教育人力资本逐渐提高，大专及以上学历人口占比从 2010 年的 9.69% 上升为 2015 年的 11.77%，2020 年增加为 16.51%，反映出人口质量不断提升。6 岁及以上人口的平均受教育年限也逐步增加，从 2010 年的 8.372 年上涨为 2015 年的 8.625 年，2020 年变为 9.208 年。在教育程度分布上存在明显的城乡差异、地区差异、性别差异和民族差异。城市地区、东部地区、男性和一些少数民族具有更高的教育水平。

在健康人力资本核算中，采用了健康人力资本指数、健康程度分布、婴儿死亡率、预期寿命四个维度。从健康人力资本指数来看，60 岁及以上人口的健康人力资本指数 2010 年为 0.747，2020 年上升为 0.799。从健康程度分布来看，健康比例由 2010 年的 43.88% 增加为 2020 年的 54.64%，比例超过一半。生活不能自理比例由 2010 年的 2.92% 下降为 2020 年的 2.34%。健康水平存在明显的性别差异、城乡差异和地区差异。此外，我国的婴儿死亡率逐年下降，从 2000 年的 32.2‰ 降低为 2019 年的 5.6‰。人口的预期寿命不断增加，从 2000 年的 71.4 岁上升为 2019 年的 77.3 岁。从这四个维度来看，我国的健康人力资本水平不断提高，人口健康水平的提高为我国经济发展提供了更多可利用的健康劳动力。

本章的结果带来了一些政策启示：我国正面临人口老龄化、劳动力短缺的问题，教育和健康人力资本水平的提高，为社会带来了更多高质量的劳动力，能够缓解劳动力不足问题。在"十四五"期间，一是要不断提高教育人力资本水平，教育是提升人口质量的重要途径，有利于劳动力生产效率的提高，教育水平的提升能够帮助应对劳动力数量不足问题。二是要不断加大在健康方面的投入，促进人口健康水平的提高，并积极开发利用老年劳动力资源。老年人口的健康水平大幅提高，全国人口的预期寿命不断增加，都为开发利用老年劳动力提供了基础，有利于实施延迟退休政策，有利于应对人口老龄化的挑战与人口数量红利消失的问题。三是要不断缩小教育和健康水平的性别差异、城乡差异、地区差异、民族差异。

第二章

我国人力资本变化的
事实特征

一、我国人力资本与经济社会总体发展的变化

（一）我国人力资本变化趋势

1. 教育型人力资本持续提高

（1）文盲率下降至 2.67%。

全国人口中，2020 年文盲人口（15 岁及以上不识字的人）为 3775 万人，与 2010 年相比，文盲人口减少 1690 万人[1]，文盲率从 2010 年的 4.10% 下降到 2020 年的 2.67%（见图 2-1）。从历次人口普查的对比来看，1964 年文盲率为 33.60%，1982 年文盲率为 22.80%。文盲率显著下降，对脱贫攻坚具有十分重要的意义。从全球范围来看，文盲率能够控制在 2% 以内的国家很少，整体来说，中国文盲率比较低。

---

[1] 第七次全国人口普查公报（第一号）［EB/OL］. 国家统计局，2021-05-11；第七次全国人口普查公报（第二号）［EB/OL］. 国家统计局，2021-05-11.

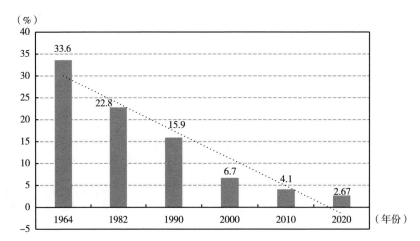

图 2-1 历次人口普查文盲率变化
资料来源：历次全国人口普查数据。

从 15 岁及以上成人识字率来看，中等收入国家 2000 年平均水平为
79.2%，到 2018 年提升至 86.1%；我国则从 2000 年的 90.9% 提升至
2018 年的 96.8%，高于同期中等收入国家平均水平 10.7 个百分点。另
外，15 岁及以上成人识字率的性别差距缩小，成年男性识字率从 2000 年
的 95.1% 提升至 2018 年的 98.5%，成年女性从 2000 年的 86.5% 提升至
2018 年的 95.2%，性别差距从 2000 年的 8.6 个百分点缩小到 2018 年的
3.3 个百分点。

（2）受大专及以上教育人口增长超过七成。

如图 2-2 所示，从受教育程度看，我国每 10 万人中受教育程度为大
专及以上的人数从 2010 年的 8930 人增长为 2020 年的 15467 人，这意味
着总人口中受教育程度为大专及以上的比重从 8.9% 上升为 15.5%，增长
幅度达到 73.2%。说明每 10 万人中高中（中专）人口数增长 7.5%，初
中和小学分别减少 11%、7.5%。这反映出我国人口受教育程度大幅提
高，人口红利转向人才红利。

平均受教育年限有多个维度的指标，一是 15 岁及以上人口平均受教
育年限，人口普查数据公布该项指标，可以看出历次普查的变化，从 15
岁及以上人口平均受教育年限来看，我国由 2010 年的 9.08 年升至 2020

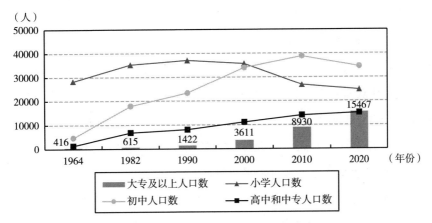

图 2－2　历次人口普查每 10 万人中各类教育人口数
资料来源：历次全国人口普查数据。

年的 9.91 年，提高 9.1%，劳动力人口的受教育水平显著提升。二是 25 岁以上人口平均受教育年限，国际比较多用该项指标，方便进行国际比较，从该项指标可以发现，目前我国与发达国家劳动力人口素质相比也存在较大差距，2019 年德国 25 岁以上人口平均受教育年限为 14.2 年，美国为 13.4 年，日本为 12.8 年，而我国仅为 8.1 年，与世界主要发达国家仍有较大差距①。三是 16～59 岁劳动年龄人口的平均受教育年限，可以更直接反映劳动力市场中的人力资本变化，未来我国在劳动力人口素质提升方面还有很大空间，从劳动年龄人口的平均受教育年限来看，2000 年我国平均受教育年限为 8.0 年，2020 年提升至 10.8 年，到"十四五"末期，国家力争把劳动年龄人口平均受教育年限提高到 11.3 年，意味着劳动力整体达到高中二年级以上的教育程度。四是新增劳动力人均受教育年限，2020 年我国新增劳动力平均受教育年限已经达到 13.8 年。

从上述平均受教育年限四个指标的比较可以发现：一方面，随着经济社会发展、高等教育的扩张，我国教育型人力资本在最近 20 年中不断提升，这反过来又促进了经济社会发展；另一方面，我国不同年龄层的受教

① 资料来源：根据联合国开发计划署人类发展指数数据库相关数据整理得到。

育程度差异很大，同期新增劳动力人均受教育年限与 16～59 岁劳动年龄人口平均受教育年限差距为 3 年，15 岁以上人口和 25 岁以上人口的平均受教育年限相对更低，这意味着较年轻的队列人均教育水平相对更高，在经济社会发展中获益更多。另外，根据联合国计划开发署提供的数据，我国人口预期受教育年限从 2000 年的 9.6 年提高至 2019 年的 14.0 年，世界平均水平约为 12.7 年，然而与发达国家比较，我国还有很大的提升空间。

（3）新就业群体受教育水平显著提升。

从新增就业群体受教育结构来看，如图 2－3 所示，1999～2019 年进入劳动力市场的高等教育毕业生由 84.8 万人增加到 874 万人，增幅 930.66%；未升学直接进入劳动力市场的高中毕业生从 1999 年的 458.5 万人先上升至 2009 年的 819.2 万人，随后又呈现下降趋势，到 2019 年降至 371.24 万人；中等职业教育毕业生从 350.1 万人增加到 2012 年的 674.9 万人，随后降至 493.47 万人；初中教育毕业生从 841.9 万减少到 125.3 万人，降幅达到 82.71%。2001 年以前，新增劳动力还以初中受教育水平为主，并且这一比例持续上升，2001 年达到 61.8%，并在随后迅速降低，2012 年新增劳动力初中受教育构成仅为 8.1%。新增劳动力为高中阶段受教育水平占比在 2009 年达到 56.5%，随后逐渐下降，而这其中，又是以中等职业教育水平为主。与此趋势截然相反的是高等教育劳动力显著增加，从高等教育扩展后第一批大学生进入劳动力市场（2002 年和 2003 年）的 13.8% 和 17.1% 增加到 2019 年的 67.8%。在中国的城镇劳动力市场上，新增劳动力教育程度由初中毕业生为主，演变为以高等教育毕业生为主。根据北京大学公布的 2019 年毕业生就业质量年度报告。北京大学硕博毕业生的灵活就业比重都在增加，其中 2019 年硕士毕业生灵活就业比重达到 42.44%，较 2018 年上升 4.01%；博士毕业生灵活就业比重为 25.67%，较 2018 年上升 3.11%。①

①　权威发布 ｜ 2019 年北京大学毕业生就业质量年度报告 ［EB/OL］. 北京大学微信公众号，2019－12－29.

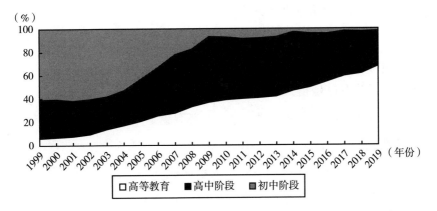

图 2 - 3　1999～2019 年中国新增劳动力教育构成变化
资料来源：作者根据历年《中国教育统计年鉴》核算。

2. 健康型人力资本显著优化

（1）人口预期寿命不断延长。

人口健康水平的提高为经济社会发展提供重要的人力资源保障，也极大地改善了人民的生活质量。随着我国经济发展水平的提高，医疗卫生条件的改善，社会保障制度的健全，我国人口平均预期寿命也不断延长。1949 年我国人口的平均预期寿命仅为 35 岁，1957 年为 57 岁，1981 年达到 68 岁；1990～2000 年这 10 年人口平均预期寿命从 68.55 岁延长到 71.40 岁；2010 年上升至 74.83 岁；2019 年人均预期寿命达到了 77.3 岁[1]。

（2）妇幼保健水平显著提高。

我国婴儿死亡率、孕产妇死亡率大幅下降。新中国成立初期，我国婴儿死亡率高达 200‰，1982 年为 34.7‰，2018 年下降到 6.1‰[2]。新中国成立之初孕产妇死亡率为 150/10 万人，1991 年为 80/10 万人，2018 年下降到 18.3/10 万人[3]。

---

①　人口总量平稳增长 人口素质显著提升——新中国成立 70 周年经济社会发展成就系列报告之二十 [EB/OL]. 国家统计局，2019 - 08 - 22.

②③《中国的全面小康》白皮书新闻发布会答记者问 [EB/OL]. 国家统计局，2021 - 09 - 29.

3. 流动型人力资本进一步扩大

（1）流动人口规模扩大，持续向东部地区聚集。

我国人口空间活动程度较10年间有了大幅度提升。根据国家统计局的定义，流动人口是指人户分离人口中扣除市辖区内人户分离的人口，包括省内流动人口和跨省流动人口。七普数据显示，2020年中国流动人口规模达到3.76亿人，与2010年相比增加了1.55亿人，增幅高达69.73%。也就是说我国平均每4个人里面就有一个人是流动人口①。流动人口在2010～2020年增长了将近70%（1.55亿人），这与东部人口进一步聚集的趋势一致。

东部地区人口聚集明显，2010～2020年人口所占比重上升2.15个百分点，人口持续向东部地区聚集（见图2-4）。具体而言，2020年东部地区人口规模为5.64亿人，占比达到39.93%，而2010年东部地区人口规模为5.06亿人，占比为37.78%。东北地区人口流出的趋势也一直在持续，2020年东北地区人口规模为0.99亿人，占总人口比重为6.98%，与2010年相比下降1.20个百分点。中部地区人口规模和占比也有所下降，2020年中部地区人口规模为3.65亿人，占比为25.83%，与2010年相比下降0.79个百分点。西部地区人口近年来有波动式上升的趋势，十年间小幅度上升0.22个百分点，总体幅度不大。2020年西部地区人口规模为3.83亿人，占27.12%，人口的自然增长和机械增长对这一结果可能都有贡献。一方面，西部地区生育率相对较高；另一方面，近十年来西部地区经济、交通、科技等发展较快，对人口的吸引力加大，促进西部劳动力保持在区域内部的就业生活。

---

① 七普数据加入了身份号码识别，有效减少流动人口的漏报和重报，高估的可能性不大。另外需要注意的是，七普数据是在2020年11月收集的，新冠疫情期间部分返乡流动人口尚未回归工作岗位。上海交通大学安泰经济管理学院陆铭教授提出2020年新冠疫情对于跨地区的劳动流动是一个制约因素，存在流动人口的数据被低估的可能性。第七次全国人口普查公报（第一号）［EB/OL］. 国家统计局，2021-05-11；第七次全国人口普查公报（第二号）［EB/OL］. 国家统计局，2021-05-11.

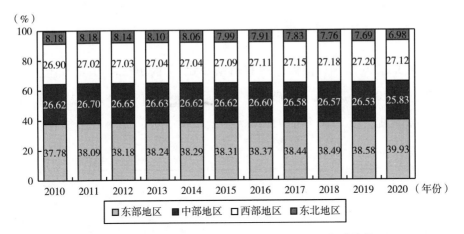

图 2 - 4　2010～2020 年中国不同地区人口比重变动趋势
资料来源：国家统计局相关数据。

（2）东部地区人口聚集以广东、浙江、江苏为主。

改革开放以来，中国人口迁移经历了从"孔雀东南飞"到 2010 年后的回流中西部，再到近年的粤浙人口再集聚和回流中西部并存[①]。分省看（见图 2 - 5），广东、浙江、江苏 3 省份人口增加超 600 万人，分别增加2169.2 万人、1014.1 万人、608.7 万人；甘肃、内蒙古、山西、辽宁、吉林、黑龙江等 6 省份人口萎缩，分别减少 55.5 万人、65.7 万人、79.6万人、115.5 万人、337.9 万人、646.4 万人，全部位于北方地区。

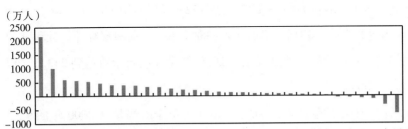

图 2 - 5　2010～2020 年分省份的人口数量变化
资料来源：第六、第七次全国人口普查数据。

---

① 长三角经济版图崛起，常州与时代共驱［EB/OL］. 半月谈网，2020 - 09 - 07.

（二）我国数字经济发展

如图 2 - 6 所示，国内生产总值从 2000 年的 100280.1 亿元上升至 2020 年的 1013567 亿元，突破 100 万亿元。人均国内生产总值从 2000 年的 7942 元提升至 2020 年的 71828 元。

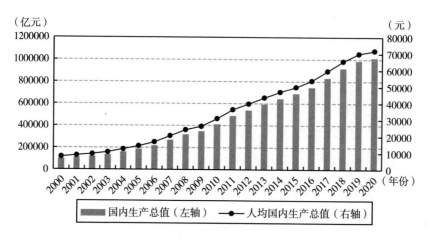

图 2 - 6　2000 ~ 2020 年国内生产总值与人均国内生产总值变化趋势
资料来源：国家统计局网站。

我国创新能力和水平保持持续提升，无论是创新投入、创新产出，还是创新成效进一步显现。世界知识产权组织 2021 年发布的全球创新指数（GII）显示，我国科技创新能力在 132 个经济体中位列第 12 位，较 2020 年再提升 2 位，稳居中等收入经济体首位①。据国家统计局社科文司《中国创新指数研究》课题组测算，2020 年我国创新指数达到 242.6（以 2005 年为 100）。

以最近 21 年的创新投入为例，R&D 人员全时当量从 2000 年的 92.2 万人年，增长至 2020 年的 523.45 万人年；与此同时，R&D 经费从 2000 年的 896 亿元，提升至 2020 年的 24393.11 亿元，占 GDP 的比例从 0.89% 上升至 2.41%（见图 2 - 7）。

---

① 资料来源：国家统计局：《2021 年我国 R&D 经费投入保持较快增长》。

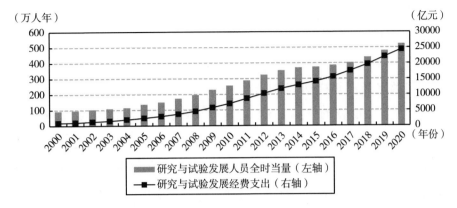

图 2-7 2000~2020 年研究与试验发展人员全时当量与经费支出变化趋势

资料来源：国家统计局：《2021 年我国 R&D 经费投入保持较快增长》。

创新促进数字技术发展和应用，推动中国进入数字经济时代。我国数字经济占 GDP 比重逐年上升，由 2005 年的 14.2% 增加至 2020 年的38.6%，数字经济规模由 2005 年的 2.6 万亿元扩张至 2020 年的 39.2 万亿元①。可见，数字经济正成为我国转变经济增长方式、优化经济结构的重要抓手。中国信息通信研究院《中国数字经济发展和就业白皮书(2018)》对数字经济发展现状做了相关测算，结果表明，我国数字经济总量从 2008 年的 4.8 万亿元提升至 2018 年的 27.2 万亿元，年均增长18.7%，GDP 占比从 2008 年的 15.2% 提升至 2017 年的 32.9%，数字经济已经成为我国经济的重要支柱。其中，数字经济基础部分（信息通信产业）2017 年达到 6.2 万亿元，GDP 占比达到 7.4%；数字经济融合部分增长迅速，2017 年达到 21 万亿元，从 GDP 占比来看，由 2005 年的7% 提升至 2017 年的 25.4%，从数字经济的占比来看，由 2005 年的 49%提升至 2017 年的 77.4%，数字经济融合部分已成为数字经济增长的主要引擎。②

---

① 中国信通研究院：《2021 年中国数字经济发展白皮书》（全文）［EB/OL］. 网经社，2021-04-28.

② 《2018 年数字经济发展与就业白皮书》发布［EB/OL］. 光明网，2018-04-16.

　　数字经济发展对就业带动作用也十分显著。中国信通研究院测算数据显示（见图2-8），2007年中国数字经济占GDP比重14.7%，吸纳就业人数4411万人。十几年来，数字经济继续保持规模化高速扩张态势。2018年数字经济规模达到31.3万亿元，按可比口径计算，名义增长20.9%，占GDP比重为34.8%，数字经济领域就业岗位为1.91亿个，占当年总就业人数的24.6%，同比增长11.5%，显著高于同期全国总就业规模增速。波士顿国际咨询机构（BCG）预测，2035年中国整体数字经济规模接近16万亿美元，数字经济规模占GDP规模的48%，就业吸纳人数为4.15亿人。新就业形态中既推动传统就业升级，也带来新增就业。初步计量结果显示，新就业的每100个就业人口中，72个为升级原有就业，28个为新增就业岗位。

图2-8　2007～2021年数字经济发展与就业吸纳人数

资料来源：中国信通研究院：《2015中国信息经济研究报告》、《2016中国信息经济发展报告》、《中国数字经济发展白皮书》（2017年）、《中国数字经济发展与就业白皮书》（2018年，2019年）；波士顿国际咨询集团（BCG）：《数字经济下的就业与人才研究报告（迈向2035：4亿数字经济就业的未来)》。

　　数字经济发展促进就业结构调整。得益于数字信息深入而广泛的应用，第一产业将进一步提高农业生产规模化和智能化水平，以及提高劳动生产率。第二产业，传统工业生产就业规模逐渐降低，智能制造将通过人机协作大大提高劳动生产率。第三产业生产性服务业与高端生产性服务业所吸纳的就业规模将显著增加。数据显示，2010年中国就业结构为第一产业 36.7%，第二产业 28.7%，第三产业 34.6%，到 2023 年分别为 22.8%、29% 和 48.2%。人力资源和社会保障部统计数据显示，2013～2016 年，中国服务业就业累计增加 6067 万人，年均增长 5.1%，高出全国就业人员年均增速 4.8%，未来我国第三产业发展空间仍然巨大。①

二、我国人力资本红利与教育追赶的新变化

（一）从人口红利到人力资本红利

1. 劳动年龄人口规模持续下降

人口转变理论（demographic transition theory）把人口再生产类型区分为三个主要阶段，分别为：第一，"高出生、高死亡、低增长"阶段；第二，"高出生、低死亡、高增长"阶段；第三，"低出生、低死亡、低增长"阶段。这意味着人口自然增长率先上升随后下降，形成一个倒"U"形曲线的变化轨迹，劳动年龄人口以大约一代人的时差，也呈现类似的变化轨迹。当人口年龄结构处在最富有生产性的阶段时，充足的劳动力供给和高储蓄率为经济增长提供了一个额外的源泉，这被称作人口红利。

1978 年改革开放后，中国依靠庞大且年轻的劳动力资源，以及与之相关的巨大市场，快速成长为世界第二大经济体。第七次全国人口数据结合《中国劳动统计年鉴》数据显示，我国劳动年龄人口规模呈现持续缩减的趋势。以 15～64 岁国际通用口径计算，我国劳动年龄人口规模在 2013 年达到 10.06 亿人的峰值，之后开始逐年下降，2020 年下降至 9.68 亿人，与 2010 年该年龄段劳动年龄人口规模相比下降了 3073 万人。我国 15～64 岁劳动年龄人口比重在 2010 年达到了 74.53% 的峰值，之后开始逐年下降，2020 年下降至 68.55%，与 2010 年相比下降比重减少了 5.98 个百分点。也就是说在长期低生育率背景下，中国 15～64 岁劳动年龄人

---

① 资料来源：作者根据历年《中国劳动统计年鉴》整理得出。

口比例及规模分别在 2010 年和 2013 年达到峰值，而日本、美国、英国的劳动年龄人口比例分别在 1991 年、2009 年、2013 年见顶，当时的人均收入远高于中国（见图 2 - 9）。

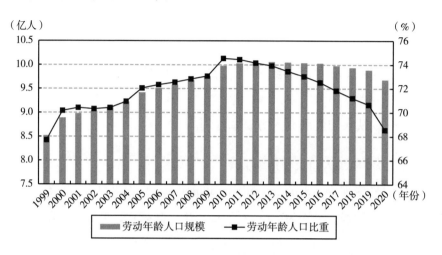

图 2 - 9 1999 ~ 2020 年中国 15 ~ 64 岁劳动年龄人口规模和比重变动趋势
资料来源：第七次全国人口数据结合《中国劳动统计年鉴》数据。

根据国内外预测，未来我国劳动年龄人口规模也将持续下降。根据联合国《世界人口展望》最新人口预测及国内学者的预测，未来我国 15 ~ 64 岁劳动力人口规模在 2050 年将下降至 8 亿人左右，同时该年龄段劳动力年龄人口比重将下降至 58%，与 2020 年相比减少 10 个百分点，这意味着劳动力年龄结构将加剧老化，未来我国劳动力供给将进一步减少，同时也发出人口红利消失、劳动力数量短缺风险的警示。随着劳动力供给总量持续萎缩，劳动力成本日益上升，部分制造业已经开始并将继续向东南亚、印度等地迁移。从边际上看，中国人口红利已经结束，面临"未富先老"局面，未来储蓄率和投资率将逐渐下降，消费率将逐渐上升，经济潜在增速下滑。

2020 年 15 ~ 64 岁劳动年龄人口 9. 68 亿人的规模依然巨大。尽管我国劳动力人口的规模和比重均处于下降状态，但根据世界银行数据库相关数据估算，目前中国劳动力人口规模在世界各国中依然排名第一。

2019 年，我国 15～64 岁劳动年龄人口规模（9.89 亿人）不仅比排名第二的印度（9.16 亿人）多 7300 万人，而且是美国（2.14 亿人）的近 5 倍，日本（0.75 亿人）的 13 倍多，德国（0.54 亿人）的 18 倍多。2020 年，即使我国 15～64 岁劳动年龄人口规模已经缩减到 9.68 亿人，但基本可以判断我国的劳动力资源总量仍然在世界各国中排名第一，中国依然是世界上劳动力人口规模最大的国家。从绝对水平看，当前中国人口总抚养比约 40%，未来一段时间仍处于人口负担相对较轻的"人口机会窗口期"（小于 50%）。通俗地说，劳动年龄人口过了高峰值，但规模依然比较大。

2. 人力资本红利持续扩大，年均增长率有所下降

人力资本红利是经济社会发展的来源。在平均受教育年限法测算的人力资本基础上，胡鞍钢（2011）将国民平均受教育年限和劳动年龄人口的乘积表示一国总人力资本，以此体现劳动力的数量和劳动力的质量。在我国总人力资本的核算中，本章采用 15 岁及以上人口平均受教育年限和 15～64 岁劳动年龄人口规模的乘积来表示。由于第一次全国人口普查（1953 年）只涵盖姓名、性别、年龄、民族、地区等信息，无法获得关于教育年限的指标，我们对第二次至第七次人口普查的人力资本总量和年均增长率进行核算，结果如表 2-1 和图 2-10 所示。

表 2-1　　　　　　　中国总人力资本及占世界比重

分类	1964 年	1982 年	1990 年	2000 年	2010 年	2020 年
我国总人口（万人）	69458	100818	113368	126583	133972	141178
15～64 岁人口占总人口比重（%）	55.8	61.5	66.7	70.2	74.5	68.6
15～64 岁劳动年龄人口规模（万人）	38758	62003	75616	88861	99809	96848
我国 15 岁及以上人口平均受教育年限（年）	2.92	5.33	6.43	7.85	9.08	9.91
我国总人力资本（亿人年）	11.32	33.05	48.62	69.76	90.63	95.98

资料来源：总人口、劳动力年龄人口比重、规模来自历次全国人口普查公布的数据，15 岁及以上人口平均受教育年限可根据分年龄层的教育结构汇总计算。

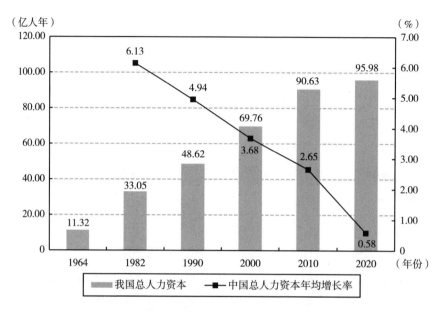

图2-10　1964~2020年我国总人力资本变化及年均增长率

资料来源：根据历次全国人口普查公布的数据汇总计算。

从第二次人口普查至第七次人口普查的56年间，我国总人力资本持续提升，然而根据计算，年均增长率有所降低。1964年我国总人力资本量为11.32亿人年，1982年为33.05亿人年，1964~1982年人力资本年均增长率为6.13%；1990年，总人力资本提升至48.62亿人年，1982~1990年人力资本年均增长率为4.94%；2000年总人力资本为69.76亿人年，1990~2000年这10年间年均增长率为3.68%；2010年总人力资本超过90亿人年，2000~2010年年均增长率2.65%；2020年总人力资本将近96亿人年，2010~2020年年均增长率0.58%。

从我国劳动年龄人口、平均受教育年限和总人力资本的年均增长率比较中可以发现，我国总人力资本虽然依然在持续提升，但增长率有所下降的原因：一方面，劳动年龄人口平均增长率下降，并由正增长率转变为负增长率，也就是说劳动年龄人口规模上会持续下降；另一方面，平均受教育年限的年均增长率也在下降，但为正增长，且增长率大于劳动年龄人口增长率的绝对值。由此，我国总人力资本仍将保持正增长。

中国劳动年龄人口总人力资本增长率在 2020～2030 年、2030～2035 年将分别达到 0.78% 和 0.14%（见表 2－2）。教育水平和质量的提升不仅可以有效地抵消人口红利不断下降带来的负面作用，而且还可以保持人力资本总量的持续正增加，有力地支撑经济体系在长期持续中高速增长。

表 2－2　　　　中国总人力资本年均增长率及变化趋势　　　　单位：%

类别	1964～1982 年	1982～1990 年	1990～2000 年	2000～2010 年	2010～2020 年	2020～2030 年	2030～2035 年
中国劳动年龄人口平均年增长率	2.64	2.51	1.63	1.17	-0.30	-0.13	-0.67
平均受教育年限年均增长率	3.40	2.37	2.02	1.47	0.88	0.91	0.82
中国总人力资本年均增长率	6.13	4.94	3.68	2.65	0.58	0.78	0.14

资料来源：六次人口普查间的增长率依据表 2－1 计算；2020～2030 年、2030～2035 年的增长率系王洪川和胡鞍钢（2021）的估算。

3. 我国净人力资本红利持续提升

进一步地，通过比较我国劳动年龄人口占世界比重和我国人力资本总量占世界比重，可以得到我国通过教育发展获得的净人力资本红利。胡鞍钢等学者的系列研究表明，早期我国由净人力资本负债转变为净人力资本红利，并持续提升的状态。第一个转折点发生在 2000 年左右，如表 2－3 所示，2000 年以前我国的净人力资本红利为负，而 2000 年转负为正（1.9），随后逐年提高。这可能跟 1999 年高校扩招、2002 年"学习型社会"等政策的作用相关。由此，我国高等教育毛入学率由 2002 年的 15% 提升至 2010 年的 26.5%[①]。

表 2－3　　　　　　　　中国净人力资本红利

类别	1964 年	1982 年	1990 年	2000 年	2010 年	2020 年
我国劳动年龄人口占世界总量比重（%）	—	21.7	23.3	22.2	21.4	19.7
我国总人力资本占世界总量比重（%）	—	17.6	20.0	24.1	24.1	26.8
我国净人力资本红利	—	-4.1	-3.3	1.9	2.7	9.5

资料来源：劳动年龄人口占世界比重、总人力资本占世界比重来自胡鞍钢等（2011，2021）的研究。

---

① 胡鞍钢，才利民. 从"六普"看中国人力资源变化：从人口红利到人力资源红利［J］. 清华大学教育研究，2011，32（4）：1－8.

值得注意的是，除了教育红利带来的净人力资本持续提升之外，年龄、时期和队列的影响不容忽视。上文提到，较年轻的队列人均教育水平相对更高，在经济社会发展中获益更多。随着教育在不同年龄层、不同行业和不同地区的持续优化，以及生命周期的演变，会不断带来净人力资本的提升。表2-4中关于未来中国平均受教育年限在不同年龄层的预测可以更直观地发现，15~64岁劳动年龄人口的平均受教育年限高于25~64岁劳动年龄人口，15岁及以人口的平均受教育年限高于25岁及以上人口，陆旸（2021）推测到2035年中国15岁及以上人口平均受教育年限大概率达到11年。这是未来净人力资本红利持续提升的重要来源。

表2-4　　　　　　　　中国平均受教育年限预测　　　　　　　单位：年

年份	15 岁 +	25 岁 +	15 ~ 64 岁	25 ~ 64 岁
2020	8.904	7.441	9.488	7.767
2025	9.168	7.718	9.816	8.057
2030	9.483	7.967	10.228	8.310
2035	9.879	8.225	10.722	8.513
2040	10.328	8.755	11.230	9.020
2045	10.728	9.466	11.652	9.833
2050	11.084	9.876	12.081	10.293

资料来源：陆旸（2021）参照巴罗和李（Barro & Lee，2013）提供的国际可比数据，测算2010年我国平均受教育年限为8.1，低于普查数据。并将1970年的日本作为变化基准，推算中国未来平均受教育年限的变化。按照这个估算，到2050年中国15岁以上人口的平均受教育年限能够达到11年。由于巴罗和李（Barro & Lee，2013）的平均受教育年限有所低估，陆旸推测到2035年中国的平均受教育年限大概率达到11年。

（二）我国教育追赶系数的新变化

人力资本发展快于经济发展这一现象，充分体现了中国特色社会主义的优越性。我国教育发展是在相对收入水平较低的情况下，"集中力量办大事"得以优先发展。本部分采用我国和美国的15~64岁人口平均受教育年限的比值得到教育追赶系数；同时根据安格斯·麦迪森购买力平价法（1990 年国际美元价），采用我国和美国的人均 GDP 比值计算经济追赶系数。从 1950~2020 年每隔 10 年中美教育追赶和经济追赶系数的变化，以及 2030 年、2035 年的预测如表 2 - 5 所示。

表 2 - 5　　　　　　　中国与美国教育追赶和经济追赶系数

年份	平均受教育年限			人均 GDP（1990 年国际美元价）		
	中国（年）	美国（年）	中国/美国（%）	中国（年）	美国（年）	中国/美国（%）
1950	1.788	8.744	20.4	448	9561	4.7
1960	2.802	9.634	29.1	662	11328	5.8
1970	4.162	11.1	37.5	778	15030	5.2
1980	5.744	12.276	46.8	1061	18577	5.7
1990	6.449	12.554	51.4	1871	23201	8.1
2000	7.787	13.105	59.4	3421	28467	12.0
2010	8.25	13.245	62.3	7822	30589	25.6
2020	9.488	13.386	70.9	10512	32869	32.0
2030	10.228	13.530	75.6	14127	35319	40.0
2035	10.722	13.674	78.4	18986	37952	50.0

资料来源：平均受教育年限为 15~64 岁，1950~2010 年平均受教育年限数据引自 barrolee 网站，2020 年、2030 年、2035 年中国平均受教育年限数据参考陆旸（2021）的推算，美国平均受教育年限系作者估算；1950~2000 年人均 GDP 数据来自 Angus Maddison, Historical Statistics of the World Economy；2010~2030 年美国和中国数据作者测算和估计。

从教育追赶系数和经济追赶系数的对比中可以发现，中国相对于美国的教育追赶速度始终高于经济追赶速度，教育红利为中国经济的起飞和跨越提供了丰富的人力资本基础。如图 2 - 11 所示，1950 年中美教育追赶系数为 20.4，经济追赶系数为 4.7，而到 1980 年中美教育追赶系数为 46.8，经济追赶系数为 5.7，这期间教育追赶为后续经济追赶创造了"教育红利"；1980 年之后，改革开放带来了持续的"改革红利"，中国经济进入起飞阶段，经济追赶开始加速，而 1990 年教育发展也进入黄金时期，教育追赶持续加速，教育追赶系数提升至 51.4，经济追赶系数提升至 8.1，到 2010 年教育追赶系数为 62.3，远远高于经济追赶系数 25.6；2020 年教育追赶系数为 70.9，经济追赶系数为 32；作者组预测到 2030 年，教育追赶系数将提升至 75.6，而经济追赶系数将提升至 40。未来二者的缺口将继续收窄，继续提升教育质量有助于实现经济持续追赶。

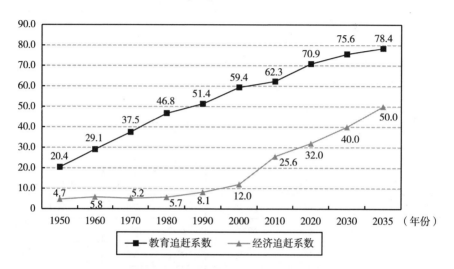

图 2 - 11　中国与美国教育追赶和经济追赶系数

资料来源：作者根据表 2 - 5 绘制。

三、我国人力资本行业结构与空间配置的新情况

（一）就业岗位教育结构

从分行业劳动力教育结构而言，呈现出"先凸后凹"、渐强趋势向上极化。世界银行（2016）研究表明，数字经济发展中，很多国家劳动力市场逐渐出现"U"形两极化现象，但是中国的情况除外。作者组根据《中国经济普查年鉴》数据，我国劳动力市场技能结构变化趋势如图 2 - 12 所示，从行业分布而言，横轴表示劳动者平均受教育年限，纵轴代表按行业（中类）就业岗位的变化份额，2008～2018 年就业岗位教育结构呈现"先凸后凹"、渐强趋势向上极化（见图 2 - 12）。

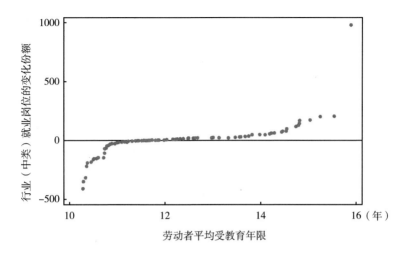

图 2 - 12 2008~2018 年不同受教育水平行业就业份额变化

资料来源：作者根据《中国劳动统计年鉴》相关数据计算绘制。

从 2016~2020 年的比较来看，各行业受教育年限逐渐增加比较明显。从 2020 年各行业城镇就业人员平均受教育年限比较来看，科学研究和技术服务业、教育、信息传输、软件和信息技术服务业、金融业、卫生和社会工作、公共管理等行业的平均受教育年限均高于 14 年，电力、热力、燃气及水生产和供应业、租赁和商务服务业、文化、体育和娱乐业、房地产业和采矿业高于平均水平，交通运输、仓储和邮政业、批发和零售业、制造业、水利、环境和公共设施管理业、居民服务、修理和其他服务业、住宿和餐饮业、建筑业、农、林、牧、渔业的平均受教育年限低于平均水平（见表 2 - 6）。

表 2 - 6 2016~2020 年各行业城镇就业人员平均受教育年限比较 单位：年

类别	2016 年	2017 年	2018 年	2019 年	2020 年
科学研究和技术服务业	14.73	14.70	14.66	14.84	14.95
教育	14.78	14.74	14.78	14.86	14.83
信息传输、软件和信息技术服务业	14.41	14.45	14.44	14.55	14.61
金融业	14.37	14.33	14.46	14.51	14.60
卫生和社会工作	14.11	14.15	14.15	14.41	14.47

续表

类别	2016 年	2017 年	2018 年	2019 年	2020 年
公共管理、社会保障和社会组织	14.06	14.09	14.13	14.33	14.23
电力、热力、燃气及水生产和供应业	12.99	13.02	13.04	13.21	13.15
租赁和商务服务业	12.67	12.84	12.99	13.11	13.12
文化、体育和娱乐业	12.90	12.83	13.04	13.12	12.95
房地产业	12.25	12.30	12.30	12.43	12.29
采矿业	11.67	11.76	11.74	11.96	11.85
交通运输、仓储和邮政业	11.11	11.17	11.19	11.29	11.19
批发和零售业	11.17	11.24	11.24	11.28	11.18
制造业	11.09	11.13	11.16	11.11	11.03
水利、环境和公共设施管理业	11.36	11.39	11.35	11.34	11.00
居民服务、修理和其他服务业	10.41	10.56	10.60	10.57	10.44
住宿和餐饮业	10.22	10.29	10.27	10.31	10.28
建筑业	10.13	10.27	10.34	10.36	10.25
农、林、牧、渔业	7.87	7.89	7.89	8.11	7.96
城镇就业人员平均受教育年限	11.50	11.55	11.60	11.69	11.58

资料来源：作者根据《中国劳动统计年鉴》相关数据计算。

（二）行业间人力资本配置

各行业的人力资本分布的计算方式如下：（1）根据该行业平均受教育年限与从业人员规模的乘积，计算该行业人力资本存量；（2）汇总 19 个行业的总人力资本规模；（3）根据各行业人力资本存量占总人力资本规模的比例得到各行业人力资本分布。

根据表 2 - 7 可发现，制造业的人力资本配置最高，从 2016 年的 25%下降到 2020 年的约 20%，最近 5 年下降趋势明显；教育行业和公共管理、社会保障和社会组织的人力资本紧随其后，均超过 13%，近 5 年上升显著；建筑业人力资本也比较大，近 5 年逐渐下降，从 2016 年的 12.77%下降到 2020 年的 10.34%，但仍然超过 10%；卫生和社会工作、金融业人力资本也明显上升；交通运输、仓储和邮政业以及批发和零售业人力资本有所下降；租赁和商务服务业、信息传输、软件和信息技术服务业、房地产业以及科学研究和技术服务业人力资本比较接近，同时保持上升趋势；采矿业、水利、环境和公共设施管理业、住宿和餐饮业人力资本不高，近 5 年有所下降；文化、体育和娱乐业人力资本分布近 5 年变化不大，维持在 0.9% 左右；居民服务、修理和其他服务业人力资本比例比较低，有所增加，2020 年为 0.4%；农、林、牧、渔业人力资本比例从 2016 年的 0.96% 下降到 0.32%，下降明显，且配置最低。

表 2-7　　　　　2016~2020 年各行业人力资本分布　　　　单位：%

类别	2016 年	2017 年	2018 年	2019 年	2020 年	变化
制造业	25.11	23.99	22.01	19.81	19.69	-
教育	11.82	11.87	12.11	13.20	13.62	+
公共管理、社会保障和社会组织	10.87	11.31	12.12	13.27	13.16	+
建筑业	12.77	12.63	13.22	10.95	10.34	-
卫生和社会工作	5.66	5.91	6.09	6.75	7.14	+
金融业	4.42	4.59	4.77	5.58	5.88	+
交通运输、仓储和邮政业	4.36	4.39	4.33	4.28	4.26	-
批发和零售业	4.52	4.41	4.37	4.36	4.12	-
租赁和商务服务业	2.86	3.12	3.25	4.03	3.96	+
信息传输、软件和信息技术服务业	2.43	2.66	2.89	3.08	3.34	+
房地产业	2.44	2.55	2.70	2.95	3.03	+
科学研究和技术服务业	2.86	2.88	2.85	3.00	3.02	+
电力、热力、燃气及水生产和供应业	2.33	2.28	2.27	2.29	2.34	/
采矿业	2.65	2.49	2.30	2.05	1.96	-
水利、环境和公共设施管理业	1.42	1.42	1.40	1.29	1.27	-
住宿和餐饮业	1.28	1.27	1.31	1.27	1.24	-
文化、体育和娱乐业	0.90	0.91	0.90	0.92	0.91	/
居民服务、修理和其他服务业	0.36	0.38	0.39	0.42	0.41	+
农、林、牧、渔业	0.96	0.94	0.72	0.51	0.32	-

资料来源：作者根据《中国劳动统计年鉴》相关数据计算。

(三) 人力资本空间配置变化

人力资本空间分布对经济社会发展有重要影响。从技能结构分布角度来看，呈现不断加大的趋势。2001 年以后我国本科及以上学历就业人员比重的分布曲线不断右移，但分布愈加分散（见图 2 - 13）。从人口流动趋势而言，2000 年以来呈现先升后降的趋势，在 2014 年达到 2.53 亿人的高峰后开始下降，随后稳定性不断增强（王胜金等，2020）。

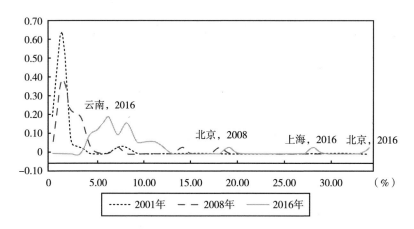

图 2 - 13　高技能劳动力地区分布及变化趋势

1. 北京、上海和天津仍然是高教育水平人口集聚的地区

我国教育型人力资本的空间分布差异较大。分省份来看（见图 2 - 14），2020 年北京、上海和天津是受大学（大专及以上）教育人口比例最高的三个地区，分别达到 42%、34% 和 27%，同时小学和初中教育程度人口比例相对比较低。内蒙古、江苏、陕西、辽宁、山西、宁夏、浙江、吉林、新疆、广东和湖北 11 个省（市）的受大学（大专）教育人口比例均高于全国的平均水平，介于 15.5% ~ 20%。

北京、上海和天津仍然是高教育水平人口集聚的地区；广东、湖北、湖南等地的人口教育程度则次一等；华北和华中，以及东北地区是 9 年义务教育实施成效最显著的区域；而我国西部地区，人口的教育水平仍

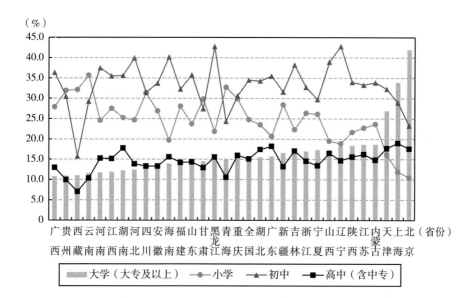

（％）

大学（大专及以上）　小学　初中　高中（含中专）

图2-14　2020年我国各省份每10万人口中拥有各类教育的人口比例

资料来源：第七次全国人口普查数据。

然偏低，尽管实行了9年义务教育，但西部地区人口仍存在因贫困辍学的情况。

2. 从15岁及以上人口平均受教育年限来看，两地区最大差距将近6年

如图2-15所示，从15岁及以上人口平均受教育年限来看，我国由2010年的9.08年上升至2020年的9.91年，提高9.1%，劳动力人口的受教育水平显著提升。从不同省份15岁及以上人口平均受教育年限的比较来看，北京、上海、天津是平均受教育年限最高的，分别达到12.64年、11.81年、11.29年；而甘肃、青海、云南、贵州、西藏等西部地区平均受教育年限则比较低，分别为9.13年、8.85年、8.82年、8.75年、6.75年；北京和云南的平均受教育年限差距达5.89年。

从2010~2020年人均受教育年限的提升来看，西藏10年人均受教育年限增加1.5年，贵州增加1.1年，上海增加1.08年，安徽增加1.07年，云南增加1.06年，重庆增加1.05年，浙江和青海分别增加1年，是属于绝对增幅较大的地区。

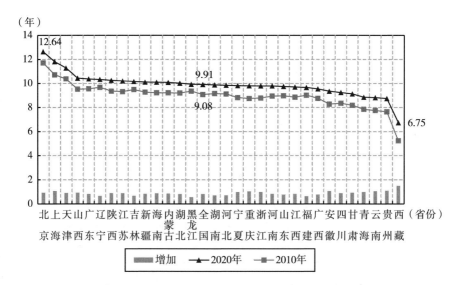

图 2 - 15　2010 年与 2020 年我国各省 15 岁及以上人口平均受教育年限比较
资料来源：第六次和第七次全国人口普查。

3. 从人力资本比例来看，广东省是最高且 10 年间增加最多的地区

各地区的人力资本分布的计算方式如下：（1）根据该地区平均受教育年限与从业人员规模的乘积，计算该地区人力资本存量；（2）计算全国总人力资本规模；（3）根据各地区人力资本存量占总人力资本规模的比例得到各地区人力资本比例。

从 2010 年与 2020 年省级人力资本分布的比较来看（见表 2 - 8），广东省是人力资本比例最高且增加最多的地区，10 年间人力资本配置增长 1.12 个百分点，2020 年达到 9.35%；山东、河南、江苏、四川、河北人力资本比例也较大，均超过 5%；浙江 10 年人力资本比例增长 0.56 个百分点，2020 年人力资本比例达到 4.52%；4 个直辖市中，人力资本最高的是重庆，其次是上海、北京，最后是天津，2020 年分别为 2.25%、2.1%、1.98%、1.12%，10 年间人力资本比例均增长；海南、宁夏、青海、西藏，人力资本比例均低于 1%，10 年间有所提升；人力资本比例 10 年间下降最大的地区是黑龙江、吉林和辽宁，分别下降 0.7 个百分点、0.4 个百分点、0.35 个百分点。

表 2-8	2010 年与 2020 年省级人力资本分布		单位：%
省份	2010 年	2020 年	变化
北京	1.90	1.98	0.08
天津	1.11	1.12	0.01
河北	5.41	5.25	-0.17
山西	2.81	2.61	-0.20
内蒙古	1.88	1.73	-0.15
辽宁	3.50	3.15	-0.35
吉林	2.15	1.75	-0.40
黑龙江	2.96	2.26	-0.70
上海	2.04	2.10	0.06
江苏	6.06	6.18	0.13
浙江	3.95	4.52	0.56
安徽	4.07	4.08	0.01
福建	2.75	2.87	0.12
江西	3.26	3.13	-0.13
山东	7.10	7.08	-0.02
河南	6.95	6.95	0.00
湖北	4.35	4.14	-0.22
湖南	4.97	4.69	-0.28
广东	8.23	9.35	1.12
广西	3.33	3.42	0.09
海南	0.66	0.73	0.07
重庆	2.09	2.25	0.16
四川	5.55	5.53	-0.02
贵州	2.20	2.41	0.22
云南	2.95	2.98	0.03
西藏	0.13	0.18	0.05
陕西	2.89	2.90	0.01
甘肃	1.73	1.63	-0.10
青海	0.36	0.37	0.01
宁夏	0.46	0.51	0.05
新疆	1.67	1.87	0.20

资料来源：第六次和第七次全国人口普查。

4. 从人力资本密度来看，东部沿海地区聚集趋势加剧

人力资本密度的计算方式：省级人力资本密度采用高等教育及以上人口占面积的比例核算。从2010年与2020年人力资本密度的对比可以发现，各地区人力资本密度均有所上升，尤其是广东、浙江、宁夏、海南等地，人力资本密度提升幅度较大，如广东从49.93提升至110.92，浙江从48.28提升至104.29。我国人力资本密度在10年间有向东部沿海地区集中的趋势，尤其是广东、浙江、江苏、山东等地区，人力资本密度上升趋势明显。

根据表2-9，从2020年省级人力资本密度对比可以发现，上海、北京、天津是人力资本密度最高的地区；江苏、广东、浙江人力资本密度紧随其后；西部和东北地区人力资本密度比较靠后，尤其是黑龙江、甘肃、内蒙古、新疆、青海和西藏等地区。从10年间各地人力资本密度排名相对变化来看，排名下降最大的地区是吉林，从第20位下降至第24位，上升幅度最大的地区是贵州，从第24位提升至第21位。

表2-9　　　　　　　　2010年与2020年省级人力资本密度　　　　单位：人/平方公里

省份	2010年	2020年
北京	377.00	560.87
天津	189.84	313.55
河北	27.91	49.32
山西	19.88	38.68
内蒙古	2.21	3.93
辽宁	35.71	52.93
吉林	14.24	21.13
黑龙江	7.74	10.44
上海	624.82	1044.47
江苏	82.92	154.09
浙江	48.28	104.29
安徽	28.57	57.79
福建	25.17	47.95

续表

省份	2010 年	2020 年
江西	18.28	32.15
山东	53.45	93.73
河南	36.31	70.42
湖北	29.32	48.10
湖南	23.53	38.33
广东	49.93	110.92
广西	11.60	22.84
海南	19.24	40.28
重庆	29.66	59.91
四川	11.03	22.81
贵州	10.51	23.94
云南	6.86	14.26
西藏	0.14	0.33
陕西	19.17	35.38
甘肃	4.52	8.54
青海	0.70	1.27
宁夏	11.30	24.05
新疆	1.42	2.63

资料来源：第六次和第七次全国人口普查及《中国统计年鉴》。

第三章

人力资本水平
与结构对创新的影响

一、理解我国人力资本与创新的背景与理论

改革开放四十余年来，我国凭借丰富的劳动力要素优势，深度融入全球价值链，并通过持续的技术引进与高速扩张，实现了年均 9.6% 的高速增长。这一过程在实现了我国居民可支配收入名义增长 97 倍、全国实现全面脱贫的经济奇迹的同时，也伴随着收入差距扩大、需求结构失衡、发展质量不高、自主创新动力不强等结构性问题。[①] 进入 21 世纪以来，伴随着总和生育率的下降和人口加速老龄化，我国劳动适龄人口的增长明显趋缓，以往的要素驱动型增长方式逐渐面临瓶颈。如图 3 – 1 所示，根据我国第五次至第七次人口普查以及期间两次 1% 人口抽样调查数据，我国 15～59 岁人口比例于 2010 年达到 70.14% 的峰值之后便开始下降，至 2020 年已降至 63.35%。但在我国人力资源规模增长放缓的同时，人力资源质量持续提高。数据显示高中或中专教育程度的人口比例从 2000

① 资料来源：笔者根据 2022 年《中国统计年鉴》测算。

年的 11.15% 稳步提升至 2020 年的 15.09%，接受过高等教育的人口比例则从 2000 年的 3.61% 大幅提升至 2020 年的 15.47%。可见，我国正处于转变经济增长模式，实现从"人口红利"向"人力资本红利"转变的战略机遇期。特别是进入"十三五"时期之后，面对全球"百年未有之大变局"以及国内外复杂严峻的经济形势，党中央审时度势地提出深化供给侧结构性改革、构建新发展格局、在共同富裕中实现高质量发展等新的战略目标，为我国推进人力资本的"深化"与"均化"，推动经济发展从要素驱动向效率驱动、创新驱动转变提出了更高要求。因此，如何深入理解人力资本水平与结构对我国技术进步与创新的影响对当前我国具有重要的理论与现实意义。

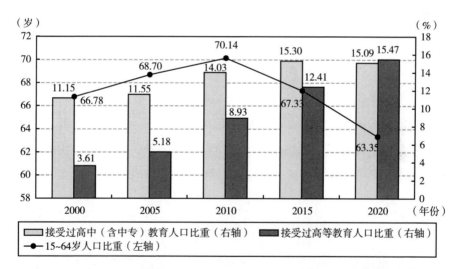

图 3 - 1　2000 ~ 2020 年我国 15 ~ 59 岁人口比重以及不同受教育程度人口比重

资料来源：全国第五、第六、第七次人口普查以及 2010 年、2015 年全国 1% 人口抽样调查数据。

主流增长理论向来重视创新与人力资本对驱动经济可持续增长的核心作用。一方面，基于产品种类扩张或产品质量阶梯的内生增长模型将创新引入主流增长理论的中心（Romer, 1990；Aghion & Howitt, 1992）；另一方面，基于人力资本的内生增长模型强调人力资本积累作为经济持续增长的源动力（Lucas, 1988）。一些学者遵循纳尔逊和菲尔普斯

（Nelson & Phelps，1966）开创的路线，提出人力资本深化可以促进新技术的扩散与应用（Benhabib & Spiegel，2005），从而将人力资本与技术进步联系起来。与此同时，一些学者开始关注人力资本结构对技术创新或扩散的影响（Vandenbussche et al.，2006；华萍，2005）。受此启发，本章通过融合并发展既有的内生增长理论，建立了一个包含住户、产品厂商与研发部门的三部门一般均衡内生增长模型，将人力资本积累与技术进步有机结合起来。在该模型中，不仅人力资本增量作为劳动要素的效率增强因子直接促进全要素生产率的增长，人力资本水平的提升还会通过促进技术创新与扩散驱动全要素生产率的增长；随着人均物质资本与人力资本存量的积累，经济将在微观主体最优化决策的基础上依次经历要素驱动、效率驱动与创新驱动三个发展阶段。

借助2000～2020年5次人口普查或1%人口抽样调查的微观数据，本章构造了包含地市级层面就业人口受教育程度以及其他相关变量的地市级面板数据，并通过计量分析检验了人力资本水平与结构对我国技术进步与创新的影响，从而支持了理论模型提出的若干假设。此外，实证研究还分析了我国不同区域所处发展阶段的异质性，并据此对我国促进人力资本水平的提升、结构的优化进而增长动力转换提出若干政策建议。

二、人力资本影响创新的理论模型

（一）模型设定

1. 厂商

借鉴罗马（Romer，1990）的内生增长理论，假设某种同质化的最终产品由大量完全竞争厂商通过结合人力资本与众多中间产品生产：

$$Y = \left(\int_0^A X_i^\alpha \mathrm{d}i \right) H_Y^{1-\alpha} = \left(\int_0^A X_i^\alpha \mathrm{d}i \right) (hL_Y)^{1-\alpha} \qquad (3-1)$$

其中，A 代表中间产品，即资本品的种类数量，X_i 代表第 i 种中间产品的投入量，$H_Y = hL_Y$ 代表人力资本的投入量，L_Y 为用于最终产品生产的劳动力数量，h 为人均人力资本存量，后者起到了劳动力生产效率的增强因子（augmenting factor）的作用。在不致引起混淆之处，公式将省略时间下标。所有中间产品加总成为经济体的物质资本存量，即：

$$\int_0^A X_i \mathrm{d}i = K \qquad (3-2)$$

最终产品厂商选择 L_Y 与 X_i 实现利润最大化：

$$\max_{X_i, L_Y} \left(Y - \int_0^A p_i X_i \mathrm{d}i - wL_Y \right)$$

从而使得中间产品价格 p_i 与工资率 w 分别等于中间产品与劳动力的边际生产力：

$$p_i = \frac{\partial Y}{\partial X_i} = \alpha\, X_i^{\alpha-1} (hL_Y)^{1-\alpha} \qquad (3-3\mathrm{a})$$

$$w = \frac{\partial Y}{\partial X_i} = (1-\alpha)\left(\int_0^A X_i^{\alpha} \mathrm{d}i\right) h^{1-\alpha} L_Y^{-\alpha} = (1-\alpha)\frac{Y}{L_Y} \quad (3-3\mathrm{b})$$

假设一旦某种中间产品的创意被发明出来，每单位中间产品的生产只需按照"设计图样"由单位"原料资本"转化而来，故生产每种中间产品的边际成本等于利息率 r。中间产品厂商将根据式（3-3a）所示的需求方程，通过选择 p_i 以实现利润最大化：

$$\max_{p_i} \Pi_i = p_i X_i - rX_i$$

根据一阶条件得到：

$$p_i = p = \frac{r}{\alpha} \qquad (3-4)$$

可见，所有中间厂商都将索取相同的价格，该价格是在边际成本 r 基础上的一个等于 $1/\alpha$ 的价格加成（mark up）。既然所有中间产品厂商的边际成本与标价相同，每种中间产品的产量也势必相等，即 $X_i = X$，继而根据式（3-2）和式（3-3a）有：

$$K = AX \qquad (3-5)$$

同时基于式（3-1），可将生产函数转述为：

$$Y = AX^\alpha H_Y^{1-\alpha} = K^\alpha (AhL_Y)^{1-\alpha} \tag{3-6}$$

可见生产函数同样呈现出包含人力资本与中性技术进步的熟悉形式，但此时的技术进步是通过中间产品种类扩张来实现，并且起到了与 h 等同的作为劳动力增强因子的作用。

进一步地，根据式（3-4）、式（3-3a）和式（3-3b），可将中间产品价格、利率和工资率转述为：

$$p = \alpha X^{\alpha-1} (hL_Y)^{1-\alpha} \tag{3-7a}$$

$$r = \alpha p = \alpha^2 X^{\alpha-1} (hL_Y)^{1-\alpha} = \alpha^2 \frac{Y}{K} \tag{3-7b}$$

$$w = (1-\alpha) AX^\alpha h^{1-\alpha} L_Y^{-\alpha} = (1-\alpha)\frac{Y}{L_Y} \tag{3-7c}$$

相应地，每家中间产品厂商的利润：

$$\Pi_i = \Pi = (p-r)x = \alpha(1-\alpha) X^\alpha (hL_Y)^{1-\alpha} = \alpha(1-\alpha)\frac{Y}{A} \tag{3-8}$$

为了分析方便，可将总产出、利率和工资率转述为人均形式：

$$y = k^\alpha (Ah)^{1-\alpha} \tag{3-9a}$$

$$r = \alpha^2 k^{\alpha-1} (Ah)^{1-\alpha} = \alpha^2 \frac{y}{k} \tag{3-9b}$$

$$w = (1-\alpha)k^\alpha (Ah)^{1-\alpha} = (1-\alpha)y \tag{3-9c}$$

由于新产品创意 A 也成为一种要素投入，所有生产要素（A、K、L_Y）呈现出规模报酬递增的特征，以致工资和利息收入之和势必小于总产出，即 $wL_Y + rK < Y$，这也意味着有要素无法获得等于其边际生产力的支付。正是由于不完全竞争的中间产品市场，利率低于资本的边际生产力——相比于传统生产函数中 $r = \alpha Y/K$，该模型中 $r = \alpha^2 Y/K$，于是利息收入和中间产品厂商的垄断利润占据总产出的份额分别为 α^2 和 $\alpha(1-\alpha)$，后者用于支付开发新产品创意的投入。

2. 技术进步与创新

假设某经济体在成为技术领先者之前将扮演技术追随者的角色，即通过仿制技术领先者使用的更先进资本品以实现资本品种类的增加。此处效仿巴罗和萨拉-伊-马丁（Barro & Sala-I-Martin，1997）提出的理论框架，假设追随者不能简单地通过从领先者那里购买新产品专利以实现技术赶超，而是需要通过研发活动对领先者使用的中间产品加以仿制、改造（相当于模仿创新或消化、吸收、引进再创新），使得这些产品得以在本国推广使用。技术追随者和领先者的中间产品种类分别为 A 和 A_m，$A < A_m$。

根据纳尔逊和菲尔普斯（Nelson & Phelps，1966）提出并由本哈比布和斯皮塔尔（Benhabib & Spiegel，2005）等学者发展的理论模型，模仿创新的速度主要受两方面因素影响。一方面，由于较早面世的资本品技术复杂度更低，进而仿制成本更低，所以某经济体相比于技术领先者的差距越大，模仿创新的速度越快。另一方面，由于具有更高认知能力的劳动者对变化的适应能力更强，所以人均资本存量的提高有利于新技术的应用与扩散（Bartel & Lichtenberg，1987），进而更快地弥合技术追随者与领先者之间的差距。此外，假设只有当人均资本存量 h 达到某个门槛值 $\underline{h}$ 时，该经济体才会开启模仿创新的进程。有鉴于此，此处构造如下形式的仿制产品创意的生产函数：

$$\dot{A} = \begin{cases} 0, & \text{当 } h < \underline{h} \\ \phi H_R \left(\dfrac{A_m}{A} \right)^\lambda = \phi h L_R \left(\dfrac{A_m}{A} \right)^\lambda, & \text{当 } h \geq \underline{h} \end{cases} \quad (3-10)$$

其中，$H_R = h L_R$ 代表投入研发活动的人力资本总量，L_R 为投入研发活动的劳动力数量，且 $\lambda > 0$，$\phi > 0$。上标"$\dot{\ }$"代表对时间的求导。在 h 达到能够投入研发活动的门槛值 $\underline{h}$ 之前，A 保持在一个不变的初始水平，即 $A = A_0$；A_0 可视作通过直接购买产品专利即可生产的中间产品种类数量；此时所有劳动力从事最终产品生产，即 $L_R = 0$，$L_Y = L$。当该经济体进入技术领先者的行列，即 $A = A_m$ 时，上述生产函数也就转化成为立足自主创新的新产品创意生产函数：

$$\dot{A} = \phi H_R = \phi h L_R \qquad (3-11)$$

由于每一种新产品在时期 t 都可以给中间产品厂商带来垄断利润 Π_t，因而对于中间产品厂商而言，每种新产品创意的价值 V_t 等于未来各期利润流之和的现值（在进行动态化表述时，为了体现相关变量的时变特性，开始引入时间下标）。套利条件要求：

$$r_t = \frac{\Pi_t}{V_t} + \frac{\dot{V}_t}{V_t} \qquad (3-12)$$

即购买企业债券的收益率等于购买新产品专利或投资研发活动的收益率。在 $A = A_0$ 即 $h < \underline{h}$ 的阶段，生产中间产品的排他性权利均通过购买专利获得，没有人从事研发活动，于是在假设完全竞争的知识产权交易市场上，V_t 等于产品专利的价格 P_t^A。在技术赶超以及自主创新阶段，产品种类的扩张依赖体现为 H_R 的研发投入；于是在假设所有人可自由进入研发领域的前提下，由 $\dot{A}_t$ 带来的价值 $\dot{A}_t V_t$ 将全部用于支付 H_R，即用于研发人员的工资报酬。记研发人员的工资率为 w_R，则根据式（3–11）：

$$w_R = \frac{\partial(\dot{A}_t V_t)}{\partial L_R} = \phi h_t V_t \qquad (3-13)$$

如果忽略研发部门与生产部门的劳动力异质性，则劳动力的自由流动将使得两部门的工资率相等，即 $w_{R,t} = w_t$。

3. 住户

此处效仿盖勒（Galor）等人（Galor & Zeira, 1993, Galor & Moav, 2004）构建的统一增长理论框架，设想一个由无数代表性个体构成的世代交叠住户部门。每一个体拥有单个父母，并产生单个子女。每一个体生活两期，包括在第 1 期形成人力资本，在第 2 期工作并获取收入。t 世代的个体在第 1 期（时点 t）接受来自父母的遗赠 b_t，用于物质资本积累和人力资本投资，即：

$$b_t = a_t + e_t \qquad (3-14)$$

其中，a_t 代表金融资产；假定该经济体的所有厂商均为住户所有，则 $a_t = k_t + AV_t/L_t$，后者代表人均拥有的中间产品知识产权价值，也即对中间产品厂商垄断利润的索取权。e_t 代表人力资本投资；该项支出意味着 $t-1$ 世代的个体需要放弃一部分消费，以便为其子女在第 1 期接受教育提供支持。t 世代个体经过第 1 期的培育之后，形成第 2 期的人力资本存量 h_{t+1}，并且 $h_{t+1} = h(e_t)$，$h'(e_t) > 0$，$h''(e_t) < 0$。如果在第 1 期没有对人力资本形成有任何物质投入，则个体只能形成相当于 1 单位有效劳动的"基础人力资本"，即 $h(0) = 1$。假设 $h(e_t)$ 满足"稻田条件"（Inada condition），即 $h'(0) = \gamma$，$0 < \gamma < \infty$，$\lim_{e_t \to \infty} h'(e_t) = 0$。为了展示方便，可以将如下函数作为 $h(e_t)$ 的一个特例：

$$h_{t+1} = h(e_t) = (e_t + 1)^\gamma, 0 < \gamma < 1 \qquad (3-15)$$

t 世代个体凭借人力资本 h_{t+1} 在第 2 期（时点 $t+1$）从事工作，赚取工资 w_{t+1}，同时凭借第 1 期接受的金融资本遗赠 a_t 获取资本收入，后者包括利息收入 $k_t r_{t+1}$、来自当期中间厂商垄断利润的分红 $A\Pi_{t+1}/L_{t+1}$，以及来自人均知识产权资产的价值增值 $A(V_{t+1} - V_t)/L_{t+1}$。既然如式（3-12）所示的套利条件使得：

$$r_{t+1} = \frac{\Pi_{t+1}}{V_t} + \frac{V_{t+1} - V_t}{V_t}$$

则人均资本收入可表示为：

$$a_t r_{t+1} = \left[k_t + \frac{A\Pi_{t+1}}{V_t L_{t+1}} + \frac{A(V_{t+1} - V_t)}{V_t L_{t+1}} \right] r_{t+1}$$

所有收入用于消费以及对 $t+1$ 世代的遗赠。于是个体层面的预算约束为：

$$y_{t+1} = w_{t+1} + a_t r_{t+1} \geq c_{t+1} + b_{t+1} \qquad (3-16)$$

t 世代个体通过选择 c_{t+1} 和 b_{t+1}，谋求如下形式的效用函数最大化：

$$\max_{c_{t+1}, b_{t+1}} u_t = (1-\beta)\ln c_{t+1} + \beta\ln(b_{t+1} + \bar{\theta}), 0 < \beta < 1, \bar{\theta} > 0$$

$$\text{s. t.} \quad c_{t+1} + b_{t+1} \leqslant y_{t+1}, b_{t+1 \geqslant 0}$$

其中，$\bar{\theta}$ 的存在意味着个体收入在达到 $\bar{\theta}$ 之前不会为后代留下任何遗赠（包含在约束条件中的 $b_{t+1 \geqslant 0}$ 已经排除了 "负遗赠" 以致未来多期的后代进行 "庞氏融资" 的可能性）。于是可以得到：

$$b_{t+1} = \begin{cases} 0, & \text{当 } y_{t+1} \leqslant \theta \\ \beta(y_{t+1} - \theta), & \text{当 } y_{t+1} > \theta \end{cases} \qquad (3-17)$$

其中 $\theta = (1-\beta)\bar{\theta}/\beta$。在此基础上，个体会进一步选择 a_t 和 e_t，实现收入最大化：

$$\max_{a_t, e_t} y_{t+1} = w_{t+1} + a_t r_{t+1} = w[h(e_t)] + a_t r_{t+1}$$

$$\text{s. t.} \quad a_t + e_t = b_t$$

进而得到：

$$\frac{\partial w_{t+1}}{\partial h_{t+1}} h'(e_t) = r_{t+1} \Rightarrow h'(e_t) = \left(\frac{\alpha}{1-\alpha}\right)^2 \frac{h_{t+1}}{k_{t+1}} \qquad (3-18)$$

换言之，收入最大化 [进而给定式（3-17）所示条件的效用最大化] 要求个体将如此选择 e_t，使得人力资本收益率与物质资本收益率相等。显然，由于 $h''(e_t) < 0$，h/k 越低，e_t 越高。特别地，由于 $h'(e_t) \leqslant h'(0) = \gamma$，故而当：

$$\frac{k_{t+1}}{h_{t+1}} < \left(\frac{\alpha}{1-\alpha}\right)^2 \frac{1}{\gamma} \qquad (3-19)$$

个体对 e_t 的最优化选择将取得 "角解"。此时物质资本收益率大于人力资本收益率，个体不会进行人力资本投资，即 $e_t = 0$，对应 $h_{t+1} = 1$。

4. 稳态增长

为了更加直观地定义稳态增长路径，将最终产品的生产函数转化为 "有效人均" 形式。定义有效人均产出 $\tilde{y} = Y/AhL_Y = y/Ah$，有效人均资本存量 $\tilde{k} = K/AhL_Y = k/Ah$，则根据式（3-6）有：

$$\tilde{y} = \tilde{k}^{\alpha} \qquad (3-20)$$

相应地，工资率和利率可转述为：

$$w = (1-\alpha)Ah\,\tilde{k}^{\alpha}, r = \alpha^2\,\tilde{k}^{\alpha-1} \qquad (3-21)$$

稳态下，$\tilde{y}$、$\tilde{k}$ 和 r 保持不变；y、k、w 和 c 同步增长，即：

$$\hat{y} = \hat{k} = \hat{w} = \hat{c} = \hat{A} + \hat{h} \qquad (3-22)$$

其中上标"^"代表增长率。与此同时，研发人员占劳动力总量的比例 L_R/L 与人力资本投资占总收入的比例 e/y 也将保持不变。此外，根据式（3-8）可知，稳态下每家中间产品厂商各期利润的增长率 $\hat{\Pi} = \hat{Y} - \hat{A} = \hat{h} + \hat{L}$。又根据式（3-12），既然稳态下 r_t 为常数，V_t 必然与 Π_t 同步增长，也就是：

$$\hat{\Pi} = \hat{V} = \hat{h} + \hat{L} \qquad (3-23)$$

（二）发展阶段分析

1. 阶段Ⅰ：要素驱动

在工业化早期阶段，经济体中存在大量剩余劳动力，劳动力较之资本更为充裕，加之人均收入水平较低，少有资本积累，故人均资本存量 k 处于很低的水平。假设在初始状态下（$t=0$），劳动者只具有基础水平的人力资本，即 $h_0 = 1$，且 k_0 小于使得 e_t 的最优化选择取"内点解"的临界点，即：

$$k_0 < \underline{k} = \left(\frac{\alpha}{1-\alpha}\right)^2 \frac{1}{\gamma} \qquad (3-24)$$

此时任意非零水平的 e_t 都不会使人力资本收益率超过物质资本收益率，住户不会进行人力资本投资，$h_t = h_0 = 1$。同时如前文所述，由于 $h_t < \underline{h}$ 这一开启模仿创新的最低人力资本水平，$A_t = A_0$；所有劳动者从事最终产品生产，即 $L_{Y,t} = L_t$。于是该阶段的生产函数简化为：

$$Y_t = A_0 X_t^{\alpha} L_t^{1-\alpha} \Leftrightarrow y_t = A_0^{1-\alpha} k_t^{\alpha} \qquad (3-25)$$

此时经济增长单纯依靠物质资本积累，即 k_t 的扩张驱动。根据式

（3–17）可知，k_t 得以增长的一个必要条件是 $y_t > \theta$，即：

$$k_t > \left(\frac{\theta}{A_0^{1-\alpha}}\right)^{1/\alpha} \qquad (3-26)$$

否则 y_t 将全部用于 $t-1$ 世代的消费，而不会有任何收入用于物质资本积累，此时经济陷入"贫困陷阱"（poverty trap）。于是 k_t 的动态过程表示为：

$$k_{t+1} = \begin{cases} 0, & \text{当 } k_t \leqslant \left(\dfrac{\theta}{A_0^{1-\alpha}}\right)^{\frac{1}{\alpha}} \\[3mm] \beta[w(k_{t+1}) + r_{t+1}k_t - \theta], & \text{当 } \left(\dfrac{\theta}{A_0^{1-\alpha}}\right)^{\frac{1}{\alpha}} < k_t < \left(\dfrac{\alpha}{1-\alpha}\right)^2 \dfrac{1}{\gamma} \end{cases}$$

$$(3-27)$$

式（3–26）只是经济不致陷入"贫困陷阱"的最低要求。为了确保经济能够经过 k_t 的持续增长而进入阶段Ⅱ，还要求经济不至于停留在 $k_{t+1} = k_t$ 的稳态。它要求在 $k_{t+1} = k_t = k^*$ 的这一不动点上，$\partial k_{t+1}/\partial k_t > 1$，因而 k^* 成为一个不稳定的不动点，以致当 $k_t > k^*$ 时，k_t 将持续增加。将式（3–27）中的下方等式对 k_t 求偏微分，整理得到：

$$\frac{\partial k_{t+1}}{\partial k_t} = \frac{1}{\dfrac{1}{\beta r_{t+1}} - (1-\alpha)\left(\dfrac{1}{\alpha} - \dfrac{k_t}{k_{t+1}}\right)}$$

结合式（3–25）对应的 r_{t+1} 的表达式可以得到，当 $k_{t+1} = k_t$ 时 $\partial k_{t+1}/\partial k_t > 1$，要求：

$$1 - \alpha(1-\alpha)^2 < \frac{\theta}{A_0^{1-\alpha} k_t^{\alpha}} < (1-\alpha)(\alpha^2 + 1)$$

在满足式（3–27）中 $k_{t+1} > 0$ 的条件下，上式中的前一个不等式必然得到满足［毕竟此时 $\theta/(A_0^{1-\alpha} k_t^{\alpha}) > 1$］。而要同时满足后一个不等式，只需假设 A_0 足够大。

阶段Ⅰ近似地描述了我国在改革开放前半程的经济发展过程。特别是在我国跨越所谓的"刘易斯拐点"之前，工业化部门面临几乎具有无限弹性的劳动力供给，工资率将在较长时期内维持在"生存工资"水平；相应地，工业化部门得以将最优人均资本存量维持在"生存工资率"对应的较低水平（Ranis & Fei，1961）。此时物质资本收益率维持高位，物质资本积累不会面临边际收益递减，工业化部门的生产函数相当于 AK 型生产函数，经济增长完全取决于物质资本积累（徐毅，2007）。如果忽略固定资产折旧，则 y 和 k 的增长率等于 A_0。因而对于我国而言，阶段I将较之上述模型的预测维持更长时期。此阶段将观测到工业化部门就业人数与经济总量的迅速扩张，但人均资本存量与全要素增长率的增长相对缓慢。

2. 阶段Ⅱ：效率驱动

随着 k 的积累及其边际收益递减，直至 $k > \underline{k}$，住户开始按照式（3-18）所示条件选择最优化的人力资本投资 e_t，此时经济也将进入由物质和人力资本共同驱动的阶段。按照前文的模型设置，该阶段可进一步区分为两个子阶段，分别称之为阶段ⅡA 和阶段ⅡB。在阶段ⅡA，$0 < h_t < \underline{h}$，即人均人力资本存量尚未达到模仿创新所需的最低水平，故 $A_t = A_0$，此时生产效率的提升仅源于 h 对劳动力的"倍乘"作用，不涉及中间产品种类增加对应的技术进步。随着 h 的持续积累，直至 $h_t \geqslant \underline{h}$，经济则进入由 h 和 A 的共同增长驱动的阶段ⅡB，此时 h 的提升将促进中间厂商对技术领先者的技术模仿，进而依照式（3-10）所示方式推动 A 的增加。

为了证明经济终将从阶段ⅡB跨越至阶段Ⅲ，而不是停留在阶段ⅡB的某个稳态，只需将 $h_t \geqslant \underline{h}$ 时的式（3-10）稍加改写：

$$\hat{A}_t = \phi \frac{h_t L_{R,t}}{A_t} \left(\frac{A_{m,t}}{A_t} \right)^{\lambda} \tag{3-28}$$

不难推知要使经济达到稳态（亦即 $\hat{A}_t$ 为常数），A 需要与 A_m 同步增长，从而使经济一直处于跟随者的地位。既然 $A_{m,t}/A_t$ 为常数，$h_t L_{R,t}/A_t$ 也必为常数。假设外生于被考察经济体的技术领先者的技术进步速率

$\widehat{A_m} = g_m$，则有：

$$\hat{A}_t = \hat{h}_t + \widehat{L_R} = g_m \qquad (3-29)$$

记外生的劳动力人口增长率 $\hat{L} = n$。既然稳态下 L_R/L 为常数，$\widehat{L_R} = n$，故式（3-29）意味着：

$$\hat{h}_t = g_m - n \qquad (3-30)$$

由于根据稳态下有效人均资本存量 $\tilde{k}$ 和产出资本比 y/k 为常数：

$$\hat{k}_t = \hat{y}_t = \hat{A}_t + \hat{h}_t = 2g_m - n \qquad (3-31)$$

结合式（3-18）所示的人力资本投资均衡条件与式（3-30）、式（3-31）：

$$\hat{k}_t - \hat{h}_t = \hat{A}_t = g_m = -\widehat{h'(e_t)} \qquad (3-32)$$

可见给定外生的 g_m，经济在阶段ⅡB 达到稳态要求 e_t 投资的边际效率的增长率恰好等于 $-g_m$。既然稳态下 e_t/y_t 恒定，则式（3-31）决定了 $\hat{e}_t = 2g_m - n$，进而决定了稳态下唯一的 $\widehat{h'(e_t)}$，因此只有 $h(e_t)$ 恰好满足特定的参数设置时，才会满足 $\widehat{h'(e_t)} = -g_m$ 的条件。例如，若 $h(e_t)$ 采取式（3-15）的形式，则有：

$$h'(e_t) = \gamma (e_t + 1)^{\gamma - 1}$$

进而：

$$\lim_{e_t \to \infty} \widehat{h'(e_t)} = (\gamma - 1)\hat{e}_t = (\gamma - 1)(2g_m - n)$$

因此，除非：$(\gamma - 1)(2g_m - n) = -g_m$，即恰好 $\gamma = \dfrac{g_m - n}{2g_m - n}$ 时，经济才会在阶段ⅡB 渐进趋向稳态。

因此，除非极偶然的情况，h 的积累将驱使 A 以超过 g_m 的速率持续增长，进而不断缩小自身与技术领先者的差距，完成技术追赶过程。

阶段Ⅱ描述了我国大部分地区所处的经济发展阶段。学者普遍认为，当前我国已经越过或至少接近"刘易斯拐点"（蔡昉，2022），此时劳动力供给将受制于外生的劳动力年龄人口的增长，其外在表现就是普通劳动者真实工资水平的快速上涨（特别是在 2010 年我国劳动年龄人口达到峰值之后）。在此阶段，经济增长的主要驱动力将由单纯的物质资本积累让位于物质和人力资本的积累，以及由人力资本水平提升所助推的技术扩散与应用，因此理应观测到人均收入和人均资本存量的迅速扩张，并伴随以全要素生产率的迅速增长和劳动力平均受教育水平的显著提升。然而，由于此阶段的技术进步主要来自发达地区的技术转移以及对先进技术的引进、消化、吸收，表现自主创新的相关指标将明显滞后于发达地区。

3. 阶段Ⅲ：创新驱动

随着 h 的持续积累以及 A 与 A_m 之间的差距逐渐缩小，经济终将跻身技术领先行列。此时 A 的增长将不再受益于"后发优势"，而是依照式（3－11）所示完全依赖研发部门人力资本的创意产出，于是经济增长进入真正意义上的创新驱动阶段。为了描述经济进入阶段Ⅲ之后将渐进趋向的稳态增长路径，只需稍加改写式（3－11）：

$$\hat{A}_t = \phi \frac{h_t L_{R,t}}{A_t} \tag{3-33}$$

该式也是式（3－28）在 $A_t = A_{m,t}$ 时的特例。可见稳态必然对应着 $h_t L_{R,t}$ 与 A_t 的同步增长，即：

$$\hat{A}_t = \hat{h}_t + \widehat{L_R} = g_A \tag{3-34}$$

式（3－34）与式（3－29）的不同在于，此处 g_A 不再是外生给定，而是由基于住户最优化决策的 $\hat{h}_t$ 内生决定。遵循与式（3－30）~式（3－32）同样的逻辑，可知：

$$\hat{h}_t = g_A - n, \hat{k}_t = \hat{y}_t = \hat{e}_t = 2g_A - n, \widehat{h'(e_t)} = -g_A \tag{3-35}$$

于是，若 $h(e_t)$ 采取式（3－15）的形式：

$$\lim_{e_t \to \infty} \widehat{h'(e_t)} = (\gamma - 1)(2g_A - n) = -g_A$$

得到：

$$g_A = \frac{(1-\gamma)n}{1-2\gamma} \tag{3-36}$$

将式（3－36）代入式（3－35），可得到稳态下：

$$\hat{h}_t = \frac{\gamma n}{1-2\gamma}, \hat{y}_t = \hat{k}_t = \hat{e}_t = \hat{c}_t = \frac{n}{1-2\gamma} \qquad (3-37)$$

式（3－37）意味着一个有经济意义的稳态增长率依赖 n 和 $1-2\gamma$ 的符号。若劳动力人口增长率 n 为正，则宏观稳定条件要求 $\gamma < 1/2$。在此前提下，人均收入的可持续增长仍依赖一个非负的人口增长率，但人力资本投资发挥了等同于 $1/(1-2\gamma)$ 的"乘数"作用，且人力资本投资效率越高（γ 越大），乘数越大，这类似于琼斯（Jones，1995）所定义的"准内生增长模型"。若 $n>0$ 的同时 $\gamma > 1/2$，则经济并不存在一个非负的稳态增长率，而会因 $\widehat{h'(e_t)}$ 一直大于 $-g_A$ 而处于持续加速增长的状态，直至所有遗赠均用于人力资本投资。相反，若劳动力人口负增长，则宏观稳定条件要求 $\gamma > 1/2$，否则（与 $n>0$ 时的不稳定状态相反），e_t 占 y_t 的比例将导致经济增长率持续下降，直至经济退出阶段 Ⅲ，亦即退出技术领先行列。

我国少数发达地区应已处于阶段 Ⅲ 或向阶段 Ⅲ 过渡的阶段。此类地区将观测到高于全国其他地区的人均物质与人力资本存量，以及更高的全要素生产率，但人均人力资本存量与全要素生产率的增长率将较之其他地区有所放缓。此外，由于此类地区的技术进步主要来自高等级人力资本的自主研发活动，表现自主创新的相关指标将明显强于其他地区。

（三）假设的提出

根据式（3－6），可将人均产出的增长率分解为：

$$\hat{y}_t = (1-\alpha)(\hat{A}_t + \hat{h}_t) + \alpha \hat{k}_t \qquad (3-38)$$

其中 $\hat{\xi}_t = (1-\alpha)(\hat{A}_t + \hat{h}_t)$ 就是全要素生产率的增长率，也就是 $\hat{y}_t$ 中不能被归因于人均资本存量增长的部分，亦即"索洛余值"。假设被考察经济体的人均人力资本水平已跨越开启模仿创新的门槛值，即 $h_t \geq \underline{h}$，则代入式（3－28）后，得到：

$$\hat{\xi}_t = (1 - \alpha) \left[\phi \frac{h_t L_{R,t}}{A_t} \left(\frac{A_{m,t}}{A_t} \right)^{\lambda} + \hat{h}_t \right] \qquad (3-39)$$

可见与技术进步相关的前沿理论相一致，上述理论模型预示着人力资本水平与人力资本增长率共同影响着技术进步的速率（杨建芳等，2006）。其中，$\hat{h}_t$ 的影响源于人力资本作为劳动要素的效率增强因子的作用，h_t 的影响则源于人力资本水平影响了技术创新或扩散的速率，且该影响随被考察经济体与技术前沿的差距递增。具体地，可将上述推论转化为如下假设：

H1a：其他条件不变，人均人力资本水平的增长率越高，全要素生产率的增长率越高。

H1b：其他条件不变，人均人力资本水平越高，全要素生产率的增长率越高。

H2：被考察经济体与技术前沿的差距正向调节人均人力资本水平对全要素生产率增长率的促进作用。

H2 的等价表述是人均人力资本水平正向调节技术赶超的速率。该假设体现了经济增长前沿理论中"有条件的收敛"（conditional convergence）这一思想。

与 $\hat{h}_t$ 直接促进 $\hat{\xi}_t$ 不同，h_t 对 $\hat{\xi}_t$ 的影响是通过创新的中介作用。实证研究通常用专利申请或专利授权数作为创新强度的代理指标，然而此类指标不能完全代表理论模型所指代的创新活动；毕竟专利申请或授权更大程度上与自主创新相联系，而很多引进模仿型创新并不会转化为专利。于是可以预见表现自主创新强度的指标只是部分地中介了 h_t 对 $\hat{\xi}_t$ 的作用，并且被考察经济体越接近技术前沿，自主创新发挥的中介效应越强。据此可进一步提出假设：

H3：自主创新强度部分地中介了人均人力资本水平对全要素生产率增长率的促进作用。

H3a：被考察经济体与技术前沿的差距反向调节人均人力资本水平对

自主创新强度的促进作用。

需要说明的是，理论模型采取代表性个人假设，忽略了现实世界中人力资本结构的差异，也就是人力资本水平在异质性个体之间的分布状况。不乏理论与实证研究表明，由于学习使用新技术（或者说内嵌了新技术的资本品）只需要中等水平的人力资本，因此人力资本存量更平均、更广泛的分布有利于技术的应用与扩散；而新技术的研发更多依赖高等级人力资本（相当于国内学者所说的"创新型人力资本"）的投入，因此自主创新强度更大程度上受高等级人力资本占比的影响。于是可就人力资本结构补充如下假设：

H3b：拥有高等级人力资本的人数比例正向调节人均人力资本水平对自主创新强度的促进作用。

最后需要补充的是，作为上述假设中的两个核心自变量，h_t 与 $\hat{h}_t$ 并非彼此独立。根据式（3－15）隐含的前提假设，人力资本投资存在边际收益递减，即 $h_t''(e_t) < 0$。既然在经济趋向稳态的过程中，h_t、y_t 与 e_t 同方向变化，则同等条件下 $\hat{h}_t$ 随 h_t 的升高而递减。于是提出如下附属性假设：

H4：其他条件不变，人均人力资本水平越高，人均人力资本水平的增长率越低。

综上，本章提出的有待检验的假设如图 3－2 所示。

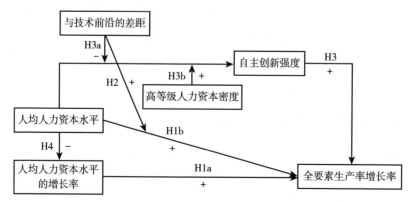

图 3－2　有待检验的假设

三、实证研究

（一）数据、变量与描述性统计

本章使用 2000～2020 年我国 286 个地级市（包括 4 个直辖市）的面板数据对假设加以检验。由于代表人力资本水平或结构的受教育程度数据采集自 2000 年、2005 年、2010 年、2015 年和 2020 年的人口普查或 1% 人口抽样调查数据，故该面板数据包含分别以上述年份为期初年份、跨度为 5 年的 4 个时期；因此除受教育程度为各时期的期初水平之外，其余变量均为相应时期的期末值（当对应变量取水平值）或根据期初、期末值计算的年度平均值（当对应变量为比率或增长率）。尽管这一做法是数据可得性使然，却也带来了额外的优势。其一，正如相关文献指出，探讨经济增长或技术进步的结构性影响因素适宜使用较长跨度的低频数据（Cinnirella & Streb，2017），以便在体现长期影响的同时，过滤经济周期性波动的影响。其二，由于受教育程度的观测值均取期初水平，而被解释变量为未来 5 年的年度平均值或期末值，可以较好地避免反向因果关系带来的内生性问题。

作为本书的核心解释变量，人均人力资本水平（*HC*）使用各地市就业者的人均受教育年限作为代理变量，由 2000～2020 年五次人口普查或 1% 人口抽样调查数据的相关指标在地市级层面加总获得。具体方法是对于每一个自称正在工作或处于"在职休假、学习、临时停工或季节性歇业"的微观个体，根据其学历折算受教育年限，继而将个体受教育年限加总至地市层面的平均水平；如果微观个体自称其最高学历的学业完成状态为"肄业"或"辍学"，则将其最高学历阶段对应的受教育年限减半（如高中肄业对应的受教育年限为 9 + 1.5 年）。人力资本结构（*HCS*）则使用各地市就业者不同受教育程度所占比例来表现，即根据微观个体自报的受教育程度，将所有就业者划分为未完成义务教育者、完成义务教育者、完成高中（或中职）教育者，以及完成高等教育者；后三者在就业人群中所占比例分别记作 *PRIMS*、*MIDS* 和 *HIS*。

作为本书的核心被解释变量，技术进步采用各地市的全要素生产率（*TFP*）作为代理变量；后者采用"索洛余值法"加以核算，即：

$$\ln TFP = \ln LP - \alpha \ln KPC \qquad (3-40)$$

其中，*LP* 为劳动生产率（相当于理论模型中的 *y*），等于按 2000 年不变价计算的地区生产总值与就业人数之比；*KPC* 为人均物质资本存量（相当于理论模型中的 *k*），等于按 2000 年不变价计算的固定资本存量与就业人数之比；*α* 为各省份按要素成本法计算的资本收入份额。固定资本存量使用"永续存盘法"，并借鉴张军等（2004）的方法计算，即将 2000 年作为初始年份（该年的固定资本存量被设定为当年固定资本投资额的 10 倍），每年的固定资本净增量为该年固定资本投资的真实值减固定资产折旧（折旧率统一记作 9.6%）。

作为人力资本水平与技术进步之间的中介变量，自主创新强度使用每万人专利申请数（*PAT*）作为代理。与技术前沿的差距（*GAP*）则使用相应时期内各地市 $\ln TFP$ 与上海市 $\ln TFP$ 之差来表示。2014 年之前地区生产总值、就业人数与固定资本投资的相关数据来自《中国区域经济统计年鉴》，之后的相关数据来自《中国城市统计年鉴》或各省份统计年鉴。由于《中国区域经济统计年鉴》在 2014 年之后便不再发布，而《中国城市统计年鉴》并不汇报各地市的全部从业人员人数，各省份统计年鉴中也只有部分省份汇报其下属地市的全部从业人员数，这使得 2015 年与 2020 年这两个期末年份存在数据缺失。对于这两年无法从公开统计资料获得就业人数的地市，根据 2015 年人口抽样调查与 2020 年人口普查的微观数据推算其就业人数。

此外，本书还会使用若干可能影响全要素生产率的控制变量，包括科学事业费支出占地区 GDP 的比重（*SCIEXP*）、教育事业费支出占地区 GDP 的比重（*EDUEXP*）、衡量经济开放程度的外商直接投资占地区 GDP

的比重（*FDI*），以及人均可支配收入（*INC*）等。相关数据均来自《中国区域经济统计年鉴》和《中国城市统计年鉴》。本书所涉及的变量定义、数据来源及其描述性统计量如表 3 – 1 所示。

表 3 – 1　　实证研究相关变量的定义、描述性统计与资料来源

变量	定义	单位	观测数	均值	标准差	取值范围	资料来源
HC	就业者人均受教育年限	年	1144	8.642	1.178	[4.435, 12.731]	2000 年、2010 年、2020 年人口普查数据及 2005 年、2015 年 1% 人口抽样调查数据地市层面加总
PRIMS	完成义务教育者占就业者比重	%	1144	46.565	9.0133	[13.014, 67.598]	同上
MIDS	完成高中教育者占就业者比重	%	1144	14.231	5.350	[2.939, 41.026]	同上
HIS	完成高等教育者占就业者比重	%	1144	8.675	6.349	[0, 46.744]	同上
ln*TFP*	对数形式的全要素生产率	–	1257	4.693	0.434	[3.090, 5.890]	《中国区域经济统计年鉴》《中国城市统计年鉴》，各省份统计年鉴
PAT	每万人专利申请数	件	944	7.828	18.101	[0.009, 155.976]	中国专利数据库地市层面加总
GAP	本市与上海市 ln*TFP* 之差	–	1257	– 0.626	0.412	[– 1.984, 0.756]	《中国区域经济统计年鉴》《中国城市统计年鉴》
SCIEXP	科学事业费支出/GDP	%	1420	0.172	0.224	[0, 2.101]	同上
EDUEXP	教育事业费支出/GDP	%	1420	2.649	2.083	[0.044, 22.637]	同上
FDI	外商直接投资/GDP	%	1416	0.258	0.342	[0, 5.484]	同上
INC	人均可支配收入	元	1263	12029.45	16450.59	[1792.89, 180177.30]	同上

2000~2020 年，我国人力资源发生的一项最显著变化就是人均受教育年限的大幅提升。根据"五普"数据以及"七普"数据的宏观加总结果，我国就业人口平均受教育年限从 2000 年的 7.80 年提升至 2020 年的 10.40 年。根据第五次、第七次人口普查微观数据得到的省级加总就业人口平均受教育年限（HC），可见各省或直辖市的 HC 明显、普遍地提升，$HC > 10$ 的省级行政区从 2000 年的仅 1 个（北京市）扩大至 2020 年的 22 个，个别发达地区（北京、天津、上海）的 HC 已超过 12 年；但与此同时，不同区域之间的 HC 差距保持大体相同的格局，即东部地区最高、中部地区次之、西部地区较低，尽管 2020 年东部地区与中部地区之间的差距略有缩小[①]。

在全国就业人口 HC 普遍提升的同时，反映人力资本结构的指标——接受过高等教育的就业人口占比（HIS）也有了大幅跃升。根据"五普"数据以及"七普"数据的宏观加总结果，全国层面的 HIS 从 2000 年的 4.65% 攀升至 2020 年的 22.76%，增长了近 4 倍。根据两次人口普查微观数据得到的省级加总 HIS，可见各省 HIS 同步、大幅提升，$HIS > 20$ 的省级行政区从 2000 年的仅 1 个（北京市）扩大至 2020 年的 20 个，个别发达地区（北京、上海）的 HIS 甚至已超过 50；但与此同时，HIS 的区域不平衡特征更为显著；东南沿海省份的 HIS 最高，部分中部省份的 HIS 次之，大部分中西部省份的 HIS 较低，普遍在 20 以下。[②]

图 3-3 展现了主要研究变量的混合截面数据之间的相关性。与 H4 对应的人力资本投资边际收益递减的规律相一致，图 3-3（a）体现了 HC 的年均增量（dHC）与相应时期的期初 HC 水平之间的负相关关系。图 3-3（b）更为清晰地体现了期初 HC 与 lnTFP 之间的正相关关系。然而就 HC 与全要素生产率的增长率（$\widehat{TFP} = $ dlnTFP）之间的关系而言，图 3-3（c）并未表现出如理论预期的正相关性，其原因除了并未控制

---

①② 资料来源：第五次与第七次全国人口普查省级加总数据（数据不包含港澳台地区）。

dHC 的作用之外，更重要的是该相关性受到各地市与技术前沿差距（GAP）的调节。尤其值得注意的是图 3 – 3（d），HC 与体现自主创新强度的 PAT 之间呈现清晰的非线性特征，即二者的正相关性随着 HC 水平的提高而增强，或者说 HC 在跨越某一门槛值之后才与 PAT 显著正相关，这与式（3 – 10）所对应的 h 在超过某一门槛值 $\underline{h}$ 之后才会引发创新活动的理论假设相一致。

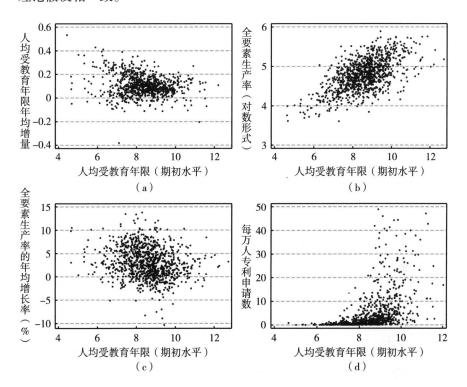

图 3 – 3　主要研究变量之间的相关性

（二）假设检验

1. 人力资本水平对全要素生产率的促进作用

为检验 H1[①] 和 H2 所对应的理论假设，此处并列使用如下两个回归

———

① H1 包括 H1a 和 H1b。

方程：

$$\widehat{TFP}_{it} = \alpha_{1,it} + \beta_{11}dHC_{it} + \beta_{12}HC_{it} + \beta_{13}GAP_{it} \times HC_{it} + \gamma_1 Z_{1,it} + u_i + u_t + \varepsilon_{it}$$

$$(3-41a)$$

$$\ln TFP_{it} = \alpha_{2,it} + \beta_{21}HC_{it} + \beta_{22}(HC_{it})^2 + \beta_{23}GAP_{it} \times HC_{it} + \gamma_2 Z_{2,it} + u_i + u_t + \varepsilon_{it}$$

$$(3-41b)$$

其中，Z 代表控制变量，包括 $SCIEXP$、$EDUEXP$ 和 FDI，取其各时期内的年度平均值或期末减期初的差分值；u_i 和 u_t 分别代表个体和时期固定效应；ε_{it} 代表残差项。GAP 和 HC 均为各时期的期初值，因而可以较大程度上避免内生性问题。式（3-41a）与 H1 和 H2 密切对应，即直接检验人均资本存量的增长与水平对全要素生产率增长率的促进作用，并通过引入交互项 $GAP \times HC$ 体现技术差距对 HC 促进 $\widehat{TFP}$ 的促进作用。但对于时期数十分有限的短面板而言，这一估计设置会导致重要的信息损失；毕竟 HC 对 TFP 的促进作用更大程度上体现在同时期的个体变异当中。因此这里同时估计式（3-41b），并通过引入 HC 的平方项，体现 HC 作为效率增强因子的效用之外，还通过促进技术创新与应用而增进全要素生产率的作用。

回归结果如表3-2所示。表3-2第（1）栏展示了对副属性假设 H4 的检验结果，可以看出 $\ln INC$、$SCIEXP$、$EDUEXP$ 的系数均如预期显著为正，特别是 HC 的符号如预期显著为负，支持了人力资本投资边际效益递减的假设。第（2）栏清楚地支持了 H1 和 H2，即人力资本水平及其增量均可显著促进全要素生产率的增长，并且显著为负的交互项系数意味着与技术前沿的差距越大，HC 对 $\widehat{TFP}$ 的促进作用越强。列（3）中 HC 的系数依然如预期显著为正，但 HC 平方项与交互项的符号却与预期相反，这一结果并不意外：毕竟它们包含了随着 HC 的上升，dHC 下降导致 $\widehat{TFP}$ 下降的反向作用。综合 dHC 方程中 HC 的系数以及 $\ln TFP$ 方程中 HC 的系数，可知 HC^2 的"净效应"依然为正。一个间接佐证是列（4）在剔除 HC 之后，HC^2 的系数变为显著为正。实际上，列（3）中 HC^2 和 $GAP \times$

HC 包含了作为 $\ln TFP$ 和 HC 在趋向长期协整关系过程中误差修正项的作用。预期之外的是 FDI 的系数为负，这与现有文献认为经济开放程度越高全要素生产率越高的观点不符。

表 3 – 2　　人力资本水平（增量）对全要素生产率（增长率）的促进作用的检验结果

被解释变量	dHC		$\widehat{TFP}$		lnTFP		
	(1)		(2)		(3)		(4)
解释变量	HC	−0.0482*** (0.00351)	HC	0.622*** (0.172)	HC	0.300*** (0.0358)	
			dHC	5.821*** (1.160)	HC^2	−0.0125*** (0.00207)	0.00483*** (0.000500)
	lnINC	0.0586*** (0.00547)	$GAP \times HC$	−0.526*** (0.0582)	$GAP \times HC$	0.0887*** (0.00201)	0.0857*** (0.00212)
	$SCIEXP$	0.0932*** (0.0167)	d$SCIEXP$	1.787* (0.977)	$SCIEXP$	0.0362 (0.0283)	−0.0138 (0.0255)
	$EDUEXP$	0.00354*** (0.00116)	d$EDUEXP$	0.587 (0.360)	$EDUEXP$	0.0336*** (0.00503)	−0.0394*** (0.00513)
			dFDI	−0.587 (0.360)	FDI	−0.0336* (0.0200)	−0.0122 (0.0200)
	个体固定效应	控制	个体固定效应	控制	个体固定效应	控制	控制
	时期固定效应	控制	时期固定效应	控制	时期固定效应	控制	控制
有效观测数	810		967		804		804
有效个体数	279		278		278		278
R^2	0.232		0.565		0.360		0.325

注：*** $p < 0.01$，** $p < 0.05$，* $p < 0.1$；括号内为稳健标准误。

2. 自主创新强度的中介作用

借鉴阿西莫格鲁等（Acemoglu et al., 2003）推荐的步骤，检验自主创新强度在人力资本水平（或结构）与全要素生产率增长之间的中介作用，也就是：（1）检验 HC 对 $\ln PAT$ 的作用是否显著为正；（2）在不包含 $\ln PAT$ 的情况下，检验 HC 对 $\widehat{TFP}$ 的作用是否显著为正（这一步工作已在上文中完成）；（3）将 $\ln PAT$ 纳入解释变量，如果 HC 的系数显著变小或显著性减弱，则支持 $\ln PAT$ 在 HC 与 $\widehat{TFP}$ 之间的部分中介作用。

步骤（1）和步骤（3）的检验结果如表 3-3 所示。第一栏显示 HC 及其与 GAP 的交互项的符号均与预期一致，表明随着被考察个体与技术前沿的差距逐渐缩小，该个体凭借人力资本积累促进自主创新的强度递增。然而与图 3-2 的相关性分析结果不同的是，HC 平方项的系数反而显著为负，作者推测其原因与 $\ln TFP$ 方程中 HC^2 系数为负的原因类似，即后者包含了随着 HC 的提高，HC 的积累减弱带来的"误差修正"作用。同样地，列（2）剔除 HC 之后平方项的系数变为显著为正。列（3）则展示了在 $\widehat{TFP}$ 方程中纳入 $\ln PAP$ 的回归结果。将其与表 3-2 第三栏的结果对比，可以发现 HC 的系数值和显著性水平均有所下降，支持了 $\ln PAP$ 在 HC 和 $\widehat{TFP}$ 之间的部分中介作用。故而上述回归结果支持了 H3 和 H3a。

表 3-3　　　　　　　　自主创新强度中介效应的检验结果

被解释变量	$\ln PAP$			$\widehat{TFP}$	
	（1）	（2）		（3）	
解释变量			$\ln PAP$		0.518 *** （0.126）
	HC 2.118 *** （0.299）		HC		0.425 ** （0.176）
	HC^2 −0.0976 *** （0.0164）	0.0233 *** （0.00307）	dHC		3.544 ** （1.460）
	$GAP \times HC$ 0.0458 *** （0.0143）	0.0437 *** （0.0159）	$GAP \times HC$		−0.526 *** （0.0628）
	$SCIEXP$ 0.984 *** （0.197）	0.735 *** （0.214）	$dSCIEXP$		0.918 （0.999）
	$EDUEXP$ 0.158 *** （0.0330）	−0.180 *** （0.0335）	$dEDUEXP$		−0.178 （0.151）
	FDI 0.638 *** （0.103）	0.803 *** （0.111）	$dFDI$		−0.514 （0.426）
时期固定效应	控制	控制	时期固定效应		控制

续表

被解释变量	lnPAP		$\widehat{TFP}$
	(1)	(2)	(3)
有效观测数	916	916	746
有效个体数	277	277	276
R^2	0.752	0.683	0.373

注：$***p<0.01$，$**p<0.05$，$*p<0.1$；括号内为稳健标准误。

3. 人力资本结构的影响

本书提出的另一个理论假设是在给定人均人力资本水平的前提下，高等级人力资本对于自主创新具有更强的积极影响。表 3-4 展示了将 lnPAP 作为被解释变量，将接受过高等教育、高中（或中职）教育、义务教育的就业人员占比作为核心解释变量的回归结果，可见结果并不稳健：在只控制个体固定效应或只控制时间固定效应的情况下，接受高等教育就业人员占比对结果 lnPAP 的正向作用最强（给定 GAP 的样本均值为 -0.626）；然而在同时固定个体与时间固定效应的情况下，对 lnPAP 的促进作用最强的反而是接受了高中（或中职）教育的就业人员占比；这一结果在加入了 HC 作为控制变量、使用各类人员占比与 HC 的交互项、改为使用每万人发明专利申请数、改为使用每万人专利授权数之后依然成立。不过如表最后一栏所示，如果将人力资本结构的主效应变为使用差分值，则在固定个体与时期效应的条件下，接受高等教育就业人员占比再次显现出对 lnPAP 最强的促进作用。换言之，假设 H3b 得到了部分支持。

表 3-4　　　　　人力资本结构对自主创新影响的检验结果

变量	lnPAP			变量	lnPAP
HIS	0.0417 ***	0.110 ***	0.0132	dHIS	0.0361 ***
	(0.00881)	(0.0111)	(0.0130)		(0.0101)
GAP × HIS	-0.0519 ***	-0.1000 ***	-0.0203	GAP × HIS	-0.0658 ***
	(0.0164)	(0.0217)	(0.0179)		(0.0168)

续表

变量	lnPAP			变量	lnPAP
MIDS	0.0838 *** (0.00962)	0.102 *** (0.0126)	0.0472 *** (0.0111)	dMIDS	0.0221 ** (0.0105)
GAP × MIDS	0.0625 *** (0.0193)	0.0408 (0.0251)	0.0162 (0.0206)	GAP × MIDS	0.0190 (0.0210)
PRIMS	0.0178 *** (0.00633)	0.0434 *** (0.00608)	0.0275 *** (0.00772)	dPRIMS	− 0.0143 ** (0.00571)
GAP × PRIMS	− 0.00350 (0.00504)	− 0.0256 *** (0.00768)	− 0.0174 *** (0.00667)	GAP × PRIMS	0.0135 *** (0.00481)
SCIEXP	1.155 *** (0.211)	0.960 *** (0.245)	0.692 *** (0.198)	SCIEXP	1.356 *** (0.214)
EDUEXP	0.192 *** (0.0397)	0.251 *** (0.0720)	− 0.0553 (0.0680)	EDUEXP	− 0.275 *** (0.0380)
FDI	0.682 *** (0.108)	0.294 ** (0.120)	0.275 ** (0.108)	FDI	0.866 *** (0.124)
个体固定效应	不控制	控制	控制	个体固定效应	控制
时期固定效应	控制	不控制	控制	时期固定效应	控制
有效观测数	753	753	772	有效观测数	753
有效个体数	277	277	285	有效个体数	277
R^2	0.658	0.373	0.389	R^2	0.717

注：$*** p < 0.01$，$** p < 0.05$，$* p < 0.1$；括号内为稳健标准误。

估计结果中 MIDS 显著的正向作用（在部分设置下它甚至超过 HIS 的促进作用）尤其值得关注。在当前我国大部分地区仍处于效率驱动阶段，甚至从要素驱动向效率驱动阶段过渡的条件下，技术进步更多地依赖对国内发达地区或发达国家的技术引进与模仿，此时中等人力资本在就业群体中的普及尤为重要。考虑到专利申请在很多情况下是模仿创新或消化、吸收、引进再创新的成果转化，MIDS 对 lnPAP 的显著正向作用也就在情理之中。

（三）区域异质性分析

1. 人力资本水平与结构效应的区域异质性

根据理论模型，特定经济体随着人均人力资本水平的提高，将依次经过要素驱动、效率驱动和创新驱动的发展阶段。在要素驱动阶段，虽然人力资本积累会潜在地促进全要素生产率，但由于物质资本回报率高于人力资本回报率，人力资本积累会比较缓慢。进入效率驱动阶段后，个体会在追求物质与人力资本回报率相等的最优化决策下持续积累人力资本，推动全要素生产率不断提高；但在人力资本水平达到某一门槛值之前，这一过程主要源自人力资本充当劳动要素的效率增强因子的作用，而在人力资本水平达到某一门槛值之后，人力资本才开始助推以模仿创新为主的技术进步过程。直至创新驱动阶段，人力资本在继续直接推升全要素生产率的同时，主要通过促进自主创新推动技术进步。

为了体现我国不同区域所处发展阶段的异质性，此处将样本中的 286 个地市按照 2015 年人均受教育年限的高低划分为三类区域，分别对应 HC 处于全国前 25%、中间的 50%、后 25% 的水平，依次估计不同区域在控制 $\ln PAP$ 的条件下人力资本水平和结构对 $\widehat{TFP}$ 的影响，即前者在促进自主创新之外对全要素生产率增长的促进作用。依据理论模型，在 HC 相对欠发达的区域，人力资本水平及其增长的作用会表现得更为显著，且有助于技术应用与扩散的中等人力资本的作用也会相对突出。

对人力资本水平及其增长的作用的估计结果如表 3 – 5 左侧所示。可见与理论预期一致，对于 HC 处于全国前 25% 的区域，$\ln PAP$ 成为 $\widehat{TFP}$ 的主要驱动因素，而 dHC 和 HC 的主效应已不再显著，可见此类区域已经进入或者正在过渡向创新驱动的发展阶段。而对于另外两个区域而言，$\ln PAP$ 的作用不显著，dHC 和 HC 的效应则强劲且显著，特别是体现在交互项中的"赶超效应"在第三类区域表现得最为突出。可见这两类区域仍处于效率驱动或从要素驱动向效率驱动过渡的阶段。类似地，表 3 – 5

右侧显示了三类区域中人力资本结构对$\widehat{TFP}$的影响。与理论预期相符，在控制了 lnPAP 后，中等人力资本占比的作用相对优势，并且这一作用在后两类区域表现得尤为显著。然而需要指出，此处的系数估计值尚不足以判断各类区域所处的具体发展阶段，毕竟它们只能反映相应变量对$\widehat{TFP}$的潜在作用，而无法表现相应变量在其现实水平下对$\widehat{TFP}$的实际贡献。而后者需要结合不同区域 dHC 和 HC 的现实水平加以核算。

表 3－5　　　　　不同区域人力资本对全要素生产率的促进作用

被解释变量	$\widehat{TFP}$			被解释变量	$\widehat{TFP}$		
区域 解释变量	HC 处于前 25% 地区	HC 处于中间 50% 地区	HC 处于后 25% 地区	区域 解释变量	HC 处于前 25% 地区	HC 处于中间 50% 地区	HC 处于后 25% 地区
lnPAP	0.792 *** (0.268)	0.264 (0.189)	0.566 (0.449)	lnPAP	0.848 *** (0.267)	0.258 (0.187)	0.796 ** (0.387)
dHC	1.737 (3.181)	7.247 *** (1.749)	6.418 * (3.676)	dHIS	−0.0139 (0.0716)	0.0436 (0.0547)	−0.0698 (0.141)
HC	−0.231 (0.379)	1.074 *** (0.408)	−0.407 (1.278)	HIS	0.110 * (0.0665)	0.0778 (0.0980)	−0.777 ** (0.371)
$GAP \times HC$	−0.544 *** (0.117)	−0.457 *** (0.0896)	−1.916 *** (0.197)	$GAP \times HIS$	0.342 *** (0.112)	0.324 * (0.170)	−0.899 ** (0.402)
				d$MIDS$	0.111 ** (0.0559)	0.222 *** (0.0573)	0.234 * (0.135)
				$MIDS$	−0.0895 (0.0587)	0.00623 (0.0804)	−0.258 (0.320)
				$GAP \times MIDS$	−0.448 *** (0.0924)	−0.450 *** (0.105)	−0.785 *** (0.229)
$SCIEXP$	1.786 (1.109)	1.436 (1.983)	0.272 (2.004)	$SCIEXP$	1.450 (0.986)	1.977 (1.791)	1.684 (2.296)
$EDUEXP$	0.389 (0.437)	0.192 (0.237)	0.690 ** (0.302)	$EDUEXP$	−0.323 (0.340)	−0.310 (0.234)	−0.663 (0.407)
FDI	−2.033 *** (0.571)	−0.385 (0.611)	−4.042 ** (1.717)	FDI	−2.097 *** (0.560)	−0.499 (0.615)	−3.565 ** (1.389)
个体固定效应	控制	控制	控制	个体固定效应	控制	控制	控制
时期固定效应	控制	控制	控制	时期固定效应	控制	控制	控制
有效观测数	206	379	167	有效观测数	206	379	167
有效个体数	73	138	65	有效个体数	73	138	65
R^2	0.778	0.684	0.728	R^2	0.469	0.420	0.500

注：*** $p < 0.01$，** $p < 0.05$，* $p < 0.1$；括号内为稳健标准误。

2. 增长核算视角下不同区域内人力资本对经济增长的贡献率

为了更清楚地体现不同区域所处发展阶段的异质性，此处依照式（3-39）和式（3-40）揭示的思路，对不同区域内劳动生产率的增长率（$\widehat{LP}$）、全要素生产率的增长率（$\widehat{TFP}$）及其人力资本的贡献加以分解核算。给定：

$$\widehat{LP} = \widehat{TFP} + \alpha\,\widehat{KPC} \qquad (3-42a)$$

即劳动生产率的增长可分解为全要素生产率的增长与人均资本存量的增长。其中：

$$\widehat{TFP} = \mu_1 \ln PAP + \mu_2 dHC + \mu_3 HC + \mu_4 GAP \times HC + \mu_5\, RS_{TFP} \qquad (3-42b)$$

并且：

$$\ln PAP = \theta_1 HC + \theta_2 GAP \times HC + \theta_3\, RS_{PAP} \qquad (3-42c)$$

即全要素生产率的增长包含自主创新的贡献、人均人力资本增量作为劳动效率增长因子的贡献、人均人力资本存量推动的技术扩散的贡献，以及由其他因素解释的部分，其中自主创新又包含人力资本存量的贡献。于是使用不同区域相应变量的实际值，结合不同区域的参数估计结果，即可对$\widehat{LP}$进而$\widehat{TFP}$加以分解并核算 dHC 和 HC 的贡献率。其中，$\widehat{LP}$、$\widehat{TFP}$、$\widehat{KPC}$均为整个统计期间内的年均增长率，dHC 为统计期间内的年均增量，$\ln PAP$、HC 和 GAP 均为统计期间内的平均水平值。核算结果如表 3-6 所示。

表 3-6　　　　　　　　　　对不同区域的增长核算结果

变量	$\widehat{LP}$	$\widehat{KPC}$	$\widehat{TFP}$	$\widehat{TFP}$对LP的贡献率	$\ln PAP$	dHC	HC
HC 前 25% 地区	9.276	11.838	3.357	36.190	1.183	0.104	9.780
HC 中间 50% 地区	10.618	15.059	3.089	29.087	-0.199	0.101	8.615
HC 后 25% 地区	10.879	15.952	2.903	26.684	-0.968	0.109	7.533

续表

变量	GAP	自主创新对$\widehat{TFP}$的贡献率	其中来自HC的贡献率	HC通过促进技术扩散对$\widehat{TFP}$的贡献率	dHC对$\widehat{TFP}$的贡献率	人力资本对$\widehat{TFP}$的总体贡献率	人力资本对LP的总体贡献率
HC前25%地区	−0.322	18.254	9.967	17.316	10.979	38.262	13.847
HC中间50%地区	−0.595	0	—	23.342	11.590	34.932	10.161
HC后25%地区	−0.900	0	—	20.584	13.307	33.891	9.044

可见对于HC相对富集的区域而言，全要素生产率增长对劳动生产率增长的贡献率明显更高，并且前者已在一定程度上由自主创新驱动，进而总体上人力资本积累对全要素生产率及劳动生产率增长的贡献更强。相比之下，其他区域的劳动生产率增长更多依赖物质资本的积累，而人力资本积累主要通过促进技术扩散或作为劳动要素的效率增强因子推动全要素生产率的增长①。大致可以做出如下判断：HC居全国前25%的区域应已处于效率驱动的成熟阶段，且少数发达地区应已呈现向创新驱动过渡的特征，而其他区域则处于效率驱动的早期阶段，并且HC居全国后25%的区域仍更多地体现出要素驱动的特征。

四、小结与启示

本章通过构造一个包含住户、厂商与研发部门的三部门一般均衡内生增长模型，将人力资本积累与技术进步有机结合起来。在该模型中，不仅人力资本增量作为劳动要素的效率增强因子直接促进全要素生产率的增长，人力资本水平的提升还会通过促进技术创新与扩散驱动全要素

---

① 由于后两类区域$\ln PAP$的系数估计值不显著地异于0，故自主创新对$\widehat{TFP}$的理论贡献率为0；可即便采取全国总体的系数估计值，使$\ln PAP$的系数为正，由于后两类区域的PAP均值小于1，即$\ln PAP<0$，$\ln PAP$的贡献率仍然非正。当然，这只是在简单地将$\ln PAP$作为自主创新的代理变量的情况下，单纯基于估计结果的理论测算值，并非意味着现实中自主创新没有任何贡献。

生产率的增长。随着人均物质资本与人力资本存量的积累，经济将在微观主体最优化决策的基础上依次经历要素驱动、效率驱动与创新驱动三个发展阶段。通过对包含全国 286 个地市、覆盖 2000～2020 年四个跨度五年时期的面板数据分析，本章验证了根据理论模型提出的大部分假设，主要结论如下。

（1）人均人力资本水平与增长都会促进全要素生产率的提升；特定经济体与技术前沿的差距越大，越倾向于通过促进技术引进或模仿创新推动全要素生产率的增长，并且人均人力资本水平会正向调节"技术赶超"的速率。

（2）对于人均人力资本达到较高水平进而接近技术前沿的经济体而言，自主创新在人力资本水平与全要素生产率之间发挥着部分中介作用。接受高等教育和高中教育的就业人员占比都可显著促进自主创新的强度，并且有部分证据表明，接受高等教育就业人员占比对自主创新的促进作用更强。但对于技术应用或扩散而言，接受高中教育就业人员占比的正向影响更加突出。

（3）目前，人均人力资本水平居全国前 25% 的地市已处于效率驱动的成熟阶段，少数发达地区呈现向创新驱动转型的特征；其他区域则处于效率驱动的早期阶段或者从要素驱动向效率驱动过渡的阶段，全要素生产率增长对经济增长的贡献率仍然较低，且前者更多依赖技术引进与模仿。

当前我国正处于从"人口红利"转向"人力资本红利"，通过增长动力转换实现经济高质量发展的关键时期，推动人力资本更快、更公平的积累显得尤为重要。进入新时期以来，我国的人均受教育年限大幅提升，人力资本结构持续优化，进而推动我国经济增长质量持续提升，但不难看出，我国距离实现创新驱动的发展目标尚存在很大差距。一方面，对于全国大部分地区而言，全要素生产率的增长对劳动生产率增长的贡献率尚不足 1/3，自主创新对技术进步的驱动作用尤其薄弱。另一方面，人力资本水平的地区差距仍然较大，不利于地区之间的技术赶超与区域协调发展。如表3－6所示，虽然全国各地的劳动生产率呈现缓慢的趋同势态，但全要素生产率的差距却有所扩大，这在很大程度上源于人均人力资本的增长并未呈现地区赶超的态势。有鉴于此，本章针对我国人力资本水平的提升、结构的优化，进而促进增长动力转换提出如下政策建议。

其一，进一步增大教育经费投入，促进教育公平，促进人均人力资本水平更快提升。本章的实证研究表明，地方政府的教育事业费支出对于人力资本积累和技术进步均有显著的促进作用。2020年，我国公共财政预算内的教育经费支出占GDP的比重为3.58%，相较于OECD国家4.9%的平均水平仍有较大差距。建议"十四五"期间，逐步将我国的教育经费投入提升至GDP的4.5%左右，"十五五"期间力争接近发达国家水平。与此同时，我国中央财政支出占教育经费支出的比例仅为4.60%，这不利于缩小地区之间的教育经费投入差距。建议未来要大幅提高中央财政占教育经费支出的比重，扩大地区间教育投入转移支付，实现教育资源在地区之间更加均衡的分布，促进人力资本水平的地区间趋同。

其二，完善教育层级体系，顺应地区所处发展阶段的要求优化人力资本结构。对于少数已处于效率驱动成熟阶段的地区而言，创新型人力资本的培育至关重要。实际上相比于高等级人力资本的数量，高等级人力资本的质量对于自主创新而言更加重要。本章的实证研究并未完全支持接受高等教育就业人员占比在促进专利转化方面的相对优势，部分原因很可能是我国高等教育在创新型人才培养方面有所欠缺所致。因此对于"技术领跑"地区，应在继续加强高等教育投入的同时，着力增进高等教育的质量，强调创新能力的开发，并加强区域创新体系的建设，形成"专精特新"人才与产业集群。而对于我国大部分仍处于效率驱动阶段初期的地区，更重要的是促成人力资本水平的"广化"与"均化"，使得更大比例就业者达到中等人力资本水平，因此要着力加强高中和职业教育，使其可以更顺利地承接先进技术的转移与扩散。实际上，来自日本、德国等制造业强国的发展经验表明，更具包容性和更加可持续的产业升级更大程度上来自企业的日常生产实践，内生于广大劳动者的技能提升与"自下而上"的创新行为，因此培养一支"知识型、技能型、创新型劳动者大军"，不仅对于加速技术扩散不可或缺，对于促进自主创新也是必要条件。

其三，深入收入分配制度改革，促进更加公平的人力资本投资与消费和产业"双升级"。共同富裕不仅是公平的人力资本投资的结果，也是其重要前提之一。尽管出于简明起见，本章的理论模型并未明确纳入收入分配的影响，但该理论模型的灵感来源之一——盖勒和莫夫（Galor & Moav, 2004）的统一增长模型却明确表明，更加公平的收入分配有助于缓解低收入群体最优化人力资本投资的预算约束，促成经济增长从物质资本驱动为主向人力资本驱动为主的转换。本章的实证研究表明，人均可支配收入可显著促进人力资本投资，也暗示了分配公平对人力资本深化与"均化"的积极作用。实际上，分配公平不仅会通过促进人力资本深化与"均化"的供给侧效应促进技术进步，还会通过大众收入水平的提高促进消费升级，进而经由市场规模扩大、动态规模经济和劳动分工细化从需求侧诱发产业升级。而这不仅有助于畅通"国内经济大循环"，还会通过供给效率改善和产品复杂度提升，助推我国向国际价值链的高端攀升，实现更高水平对外开放。因此，实现共同富裕与人力资本积累的良性互动，促成增长动力转换，也是我国实现供给与需求"更高水平动态平衡"，构建"双循环"新发展格局的题中应有之义。

第四章

数字化基础设施发展中
人力资本密度对创新的影响

一、城市信息化发展与创新表现

我国向来重视创新对发展的引领作用，党的十九届五中全会再次强调"坚持创新在我国现代化建设全局中的核心地位，把科技自立自强作为国家发展的战略支撑，深入实施创新驱动发展战略"①。新基建是国家实施创新驱动发展战略的重要支撑之一。2020 年 4 月，国家发展和改革委员会明确新基建包含信息基础设施、融合基础设施和创新基础设施三大方面。其中信息基础设施是支撑科学研究、技术开发、产品研制的具有公益属性的基础设施，是推动创新驱动发展战略落地的重要基石，为支撑创新的各种生产要素提供连接基础。信息基础设施建设历来被视为世界主要国家战略规划的重要内容。美国早在 1993 年就实施电脑化"国家信息基础设施"工程计划，2008 年后发达国家又相继推出"连通美国""数字英国""U-Japan"等国家战略，随后全球超过 130 多个国家有

---

① 坚持创新在我国现代化建设全局中的核心地位［EB/OL］. 求是网，2021 – 03 – 16.

类似的战略和行动计划。相比而言，中国信息基础设施建设"起步晚、发展快"。2013 年国务院印发"宽带中国"战略及实施方案，政策干预下宽带网络覆盖范围迅速扩大，目前我国数字经济基础设施建设处于世界领先地位。2021 年底我国已经建成全球规模最大的光纤网络和 4G 网络，已建成 5G 基站 142.5 万个，网民规模达到 10.32 亿人，互联网普及率提升到 73%。① 根据全球创新指数数据，我国创新水平从 2015 年的全球第 29 位跃升到 2020 年的第 14 位，成为全球最大的专利申请来源国，其中人工智能技术相关领域专利申请总量 2019 年底首次超过美国成为世界第一。② 2022 年国务院《"十四五"数字经济发展规划的通知》提出我国数字经济发展的首要任务，再次明确"优化升级数字基础设施，加快建设信息网络基础设施"。随着信息基础设施建设进一步增强，可以预期我国创新水平也将呈现新的提高。

由于我国信息基础设施建设是采用试点的方式实施，因此通过对比"宽带中国"政策实施前后"入选城市"与"非入选城市"之间的专利申请量变化趋势，可以观察到信息基础设施建设对创新的影响。如图 4 - 1 所示，政策实施前 2013 年两组城市万人专利拥有量平均差距为 12.17 件，政策实施后 2017 年差距为 22.03 件，政策实施前比政策实施后两组城市万人专利拥有量差距增加 9.86 件。正如图 4 - 1 中虚线所示的反事实情况，如果不存在政策干预，应该在"入选城市"看到和"非入选城市"出现共同趋势。这种相关趋势凸显本章第一个事实，即信息基础设施建设有利于提升创新水平。

关于影响创新的各项因素中，人力资本是一个必须考虑的因素。借鉴亚伯等（Abel J. R. et al., 2012）对人力资本密度的界定，本章采用人

---

① 国家互联网信息办公室发布《数字中国发展报告（2021 年）》中共中央网络安全和信息化委员会办公室［EB/OL］. 中国网信网，2022 - 08 - 22.

② 国务院新闻办就加快建设创新型国家全面支撑新发展格局举行发布会［EB/OL］. 中国政府网，2021 - 03 - 02.

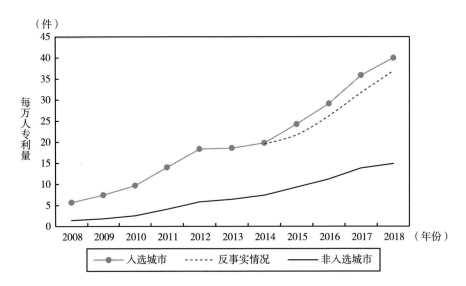

图 4 – 1　入选城市和非入选城市万人专利拥有量变化趋势

资料来源：创新产出采用专利量表示（Grilihes，1990；Crepon et al.，1998），具体采用城市万人专利拥有量表示，数据来源于 Incopat 专利数据库。该数据库收录了全球 120 个国家超过 13 亿件专利数据，补充了城市统计年鉴部分年份城市专利数据的缺失信息，内容准确可靠、数据质量较高。

宽带中国入选城市名单由工信部和发改委发布。

趋势由作者使用 stata 绘制。

口密度与人力资本存量的交互变化表示人力资本密度的变化。信息基础设施降低人力资本信息交流成本，强化了人力资本的联系，从交流频率上增加人力资本密度。因此本章采用网络普及与人力资本存量的交互变化表示人力资本网络密度的变化。表 4 – 1 分别显示了人力资本变化与创新变化的相关关系。Part A 表示在人口密度低的城市，人力资本存量由低到高增加与万人专利量提高 3.04 件存在相关性；在人口密度高的城市，人力资本存量由低到高增加与万人专利量提高 28.43 件相关。表 4 – 1 Part A 的变化反映出第二个事实，随着人力资本的增加，人口密度对创新的促进作用逐渐提高。Part B 表示在网络普及率低的城市，人力资本由低到高变化与万人专利量增加 3.12 件存在相关性；在网络普及率高的城市，人力资本由低到高变化与万人专利量增加 25.52 件存在相关性。表 4 – 1 Part B 的变化反映出第三个事实，随着人力资本存量的增加，信息基础设施建设对创新的促进作用逐渐提高。

表 4−1　　　　　　　　人力资本变化与专利量变化的相关性

分类	Part A				Part B		
	低人力资本	高人力资本	差分		低人力资本	高人力资本	差分
低人口密度	3.47	6.51	3.04	低网络普及	2.56	5.68	3.12
高人口密度	8.35	36.78	28.43	高网络普及	14.19	40.71	26.52

注：以均值作为临界值分组。

资料来源：Incopat 专利数据库及《中国城市统计年鉴》。

那么信息基础设施建设是否可以有效促进城市创新？传统的人力资本密度和新型的人力资本网络密度对城市创新的影响是什么？我国信息基础设施建设和人力资本密度促进创新水平又呈现怎样的特征？本章接下来将按照下述步骤进行更严谨的因果识别：第二部分为文献综述，第三部分为理论模型与识别策略，第四部分为经验分析，第五部分为稳健性检验，第六部分为进一步拓展分析，第七部分为结论与启示。

相关研究为城市发展、人力资本密度与创新的分析奠定了丰富的研究，然而知识生产函数忽略了信息基础设施对其他传统生产要素产生的影响，因果分析也存在内生性问题，究竟是创新驱动型地区有能力进行信息基础设施建设，还是好的信息基础设施促进了当地的创新，因此，发现有效的外生变量对于识别基础设施的经济影响非常重要（Aker & Mbiti，2010）。为此，针对待研究的空白，本章尝试从以下三个方面进行拓展性研究：一是学理分析维度，通过技术进步变化函数将信息基础设施和人力资本密度变化纳入知识生产函数，进一步补充了创新理论；二是经验分析维度，利用 2013 年"宽带中国"政策实施构建准自然实验，采用双重差分法识别信息基础设施建设对创新的影响，克服信息基础设施建设和地区创新水平之间由于因果倒置带来的内生性问题；三是指标测量维度，借助人力资本存量与信息基础设施普及度的交互项测量人力资本网络密度。

二、理论模型与识别策略

（一）理论模型

沿袭知识生产函数（KFP）的一般形式（Jaffe，1989；Grillches，1990），创新是技术、物质资本、人力资本及劳动力的函数：

$$inv_{it} = A_{it}K_{it}^{\alpha}H_{it}^{\beta}L_{it}^{1-\alpha-\beta} \qquad (4-1)$$

其中，inv 表示创新，A 表示通用技术，K 表示物质资本投入，H 表示人力资本投入，L 表示普通劳动力投入，Dig 表示信息基础设施发展水平，α、β、$(1-\alpha-\beta)$ 分别为物质资本、人力资本和劳动的弹性系数，u 为随机误差项，i 表示地区，t 表示时间。按照集聚经济学观点，知识资本取决于技术人员的互动结果。因此，假设技术进步（A）是人口密度（D）的函数：

$$A_{it} = \delta_0 D_{it}^{\delta_1}(\delta_1 > 0) \qquad (4-2)$$

其中，δ_1 表示产出相对于密度的弹性，衡量密度的净集聚效应，其中包括了由人口密度带来的积极的溢出效应（spillovers effects）和消极的拥挤效应（congestion effects）。δ_0 表示独立于密度的其他技术参数，同时取决于两种效应的相对强度。

由于物质资本的流动性，在特定的地理范围上无法获得测量区域内用于创新的物质资本存量的数据，采用城市科研支出占一般公共财政支出比重表示城市创新资本投入。用式（4-2）代替式（4-1）中的技术，创新是技术和人力资本密度的函数［见式（4-3）］，也就是说那些具有先进技术的地方是进一步展开创新活动的最佳地点（Sachs，2000）。

$$inv_{it} = k_i D_{it}^{\frac{\delta_1}{1-\alpha}}\left(\frac{H_{it}}{L_{it}}\right)^{\frac{\beta}{1-\alpha}} \qquad (4-3)$$

其中，k_i 为取决于城市 i 的科研支出占一般公共财政支出比重。对式

（4-3）进行变换，得到方程（4-4）：

$$inv_{it} = k_{it} + \frac{\delta_1}{1-\alpha}D_{it} + \frac{\beta}{1-\alpha}\frac{H_{it}}{L_{it}} \qquad (4-4)$$

与大量关于集聚密度与城市创新表现的文献（Ciccone & Hall, 1996；Ciccone, 2002；Carlino et al., 2007）中所估计的回归方程式一致，方程（4-4）将城市创新产出与资本投入、人口密度和人力资本存量相关联，但并未注意人口密度与人力资本存量之间的相互作用，即人口密度提升的过程中存在技能向上替代的情况。在参与思想交流和碰撞的人群中，人力资本越多知识溢出越多（Moretti, 2004）。鉴于此，本章对现有模型进一步改进，以表示溢出效应随着城市人口中人力资本存量增加而增加，形式上呈现出创新产出弹性是随人力资本密度变化而变化的函数：

$$\delta_{1it} = \gamma_0 + \gamma_1 \frac{H_{it}}{L_{it}}(\gamma_1 > 0) \qquad (4-5)$$

其中，γ_0 代表该参数的其他与人力资本无关的因素，γ_1 代表人力资本密度的溢出效应，$\gamma_1 > 0$ 的假设意味着在产生创新的过程中，人口密度和人力资本存量具有互补关系。当一个地区人力资本存量较高时，人与人在交流过程中的知识溢出效应更大，杰森等（Jaison et al., 2012）把这种基于技能的交流密度称为人力资本交流密度。形式上将方程（4-5）代入方程（4-4）中得到方程（4-6），区域创新产出是人口密度、人力资本存量，以及两者相互项的函数，交互项可以更好地考察边际效应。

$$inv_{it} = k_{it} + \frac{\gamma_0}{1-\alpha}(D_{it}) + \frac{\gamma_1}{1-\alpha}(D_{it})\left(\frac{H_{it}}{L_{it}}\right) + \frac{\beta}{1-\alpha}\left(\frac{H_{it}}{L_{it}}\right) \qquad (4-6)$$

根据梅特卡夫定律（Metcalfe's law），网络技术发展会带来显著的外部效应（Brynjolfsson E. & A. Saunders, 2009）。信息基础设施为人力资本交流建立新的联系方式，无限降低了信息交流的成本。与此同时，计算机、互联网等信息设备使用具有技能偏向性（Krueger, 1993；Katz,

2000；陈玉宇等，2008；邢春冰等，2013），使用者的人力资本水平越高，溢出效应越大。考虑到人力资本采用"网络交流"的方式利用信息基础设施产生溢出效应，因此，本章进一步假设数字经济发展中，技术进步（A）是信息基础设施普及的函数：

$$A_{it} = \beta_0 \, Dig_{it}^{\beta_1} (\delta_2 > 0) \tag{4-7}$$

其中，β_0 代表该参数的其他与人力资本无关的因素，β_1 表示创新产出相对于网络普及的弹性，衡量信息基础设施普及的净溢出效应，β_0 表示独立于密度的其他技术参数。由于存在技能偏向性，信息基础设施普及对创新的弹性取决于人力资本存量：

$$\beta_{1it} = \gamma_0 + \gamma_2 \frac{H_{it}}{L_{it}} (\gamma_2 > 0) \tag{4-8}$$

γ_2 代表人力资本使用信息设备产生的溢出效应，即人力资本网络密度的溢出效应，$\gamma_2 > 0$ 的假设意味着在创新生产过程中，信息基础设施普及和人力资本存量具有互补关系。将式（4-8）代入方程（4-4）得到方程（4-9），城市创新生产是人口密度、人力资本存量，以及人力资本网络密度的函数，人力资本网络密度借助人力资本存量与信息基础设施普及的交互项表示，如下：

$$inv_{it} = k_{it} + \frac{\gamma_0}{1-\alpha}(D_{it}) + \frac{\gamma_1}{1-\alpha}(Dig_{it})\left(\frac{H_{it}}{L_{it}}\right) + \frac{\beta}{1-\alpha}\left(\frac{H_{it}}{L_{it}}\right) \tag{4-9}$$

（二）识别策略

根据国务院《2006—2020 年国家信息化发展战略》和《国务院关于印发"宽带中国"战略及实施方案的通知》，我国政府为提高网络基础设施建设水平，采用分批逐步推进网络基础设施的建设，工业和信息化部、国家发展和改革委员会于 2014 年、2015 年和 2016 年分三批共遴选出120 个城市（群）作为"宽带中国"示范点。入选城市将大力推进宽带网络提速，增加网络覆盖范围，可预期的是入选城市信息基础设施发展水平会有显著提高，这无疑对当地的知识扩散、人才信息交流产生积极的影响，进而影响创新。本章将"宽带中国"政策实施视为信息基础设施建设的一次准自然实验机会，采用双重差分计量方程进行因果识别。分别在方程式（4-6）和式（4-9）的基础上引入"宽带中国"政策实施，得到双重差分计量模型的一般表达式：

$$inv_{it} = \theta_0 + \theta_1\, TreatPost_{it} + \theta_2 Treat + \theta_3 Post + \theta_4 D_{it}$$
$$+ \theta_5 D_{it}\frac{H_{it}}{L_{it}} + \theta_6\frac{H_{it}}{L_{it}} + \theta_n\sum controls_{it} \qquad (4-10)$$

$$inv_{it} = \theta_0 + \theta_1\, TreatPost_{it} + \theta_2 Treat + \theta_3 Post + \theta_4 D_{it}$$
$$+ \theta_5\, Dig_{it}\frac{H_{it}}{L_{it}} + \theta_6\frac{H_{it}}{L_{it}} + \theta_n\sum controls_{it} + u_{it} \qquad (4-11)$$

其中，$Treat$ 表示城市 i 是否进入选政策干预的实验组，$Post$ 表示政策实施年份。$TreatPost$ 表示城市 i 是否接受政策干预虚拟项，若城市 i 在样本期间入选"宽带中国"示范城市（即实验组），且观测时间在入选年份之后，$TreatPost$ 取值为 1，否则为 0。$TreatPost$ 的系数 θ_1 表示"宽带中国"政策实施对城市创新的净效应，若 θ_1 显著大于 0，则表明"宽带中国"政策实施提高了实验城市的创新产出水平。Dig_{it} 表示 i 城市在 t 时期的信息基础设施普及程度，由互联网普及率和移动电话普及率构成。θ_0 为常数项，$\theta_4 = \dfrac{\delta_0}{1-\alpha}$，$\theta_5 = \dfrac{\delta_1}{1-\alpha}$，$\theta_6 = \dfrac{\beta}{1-\alpha}$，$\theta_n$ 表示一系列控制变量的弹性系数，u_{it} 表示随机误差项。此时，密度对创新的边际影响为：$\dfrac{\partial inv}{\partial D} = \theta_4 + \theta_5\dfrac{\overline{H_{it}}}{L_{it}}$，人力资本对创新的影响为：$\dfrac{\partial inv}{\partial H} = \theta_6 + \theta_5\dfrac{\overline{H_{it}}}{L_{it}}$。

三、实证分析

（一）指标选取

在经验分析中，被解释变量创新产出采用专利量表示（Grilihes,

1990；Crepon et al.，1998），具体采用城市万人专利拥有量表示，数据来源于 Incopat 专利数据库。该数据库收录了全球 120 个国家超过 13 亿件专利数据，补充了城市统计年鉴部分年份城市专利数据的缺失信息，内容准确可靠、数据质量较高。解释变量和其他控制变量主要来源于 2008 ~ 2018 年的《中国城市统计年鉴》。

人口密度采用人口规模与区域面积之比测算（吴忠观，1997），$D_i = \sum_{i=1}^{N} \frac{N_i}{G_i}$，以衡量一个国家或地区人口分布状况，$G$ 表示 i 地区的地理面积，N 表示 i 地区的人口数。城市人力资本存量采用普通高等学校在校生数占市辖区总人口的比例表示。人力资本密度根据模型采用人口密度和人力资本存量的交互项表示（Jaison et al.，2012）。采用互联网使用普及率（itp）、移动电话使用普及率（mtp）表示信息化基础建设水平，指标选取依据来自政策背景、统计标准及相关文献。"宽带中国"专项行动意见中提出的"加强网络建设与提升网络应用并重"基本原则和"实现较高的信息基础设施和宽带应用水平"主要目标。统计方面，我国经济普查年鉴中将网络、电脑和电话的使用情况视为信息基础设施发展情况代表指标。文献方面，大量文献一致将移动电话普及率、互联网普及率作为衡量的重要指标。影响创新水平的其他控制变量主要包括物质资本投入、产业结构和经济发展水平。参考全球创新指数（GII）相关指标选取，物质资本投入采用当地科研支出占一般公共财政支出的比例表示。产业结构采用地区第三产业增加值占 GDP 比例，经济发展水平采用地区 GDP 增长率表示。生态环境采用每万元二氧化碳排放量表示。考虑到我国发展过程中地级市的新增和撤销情况，为了保证面板数据的平衡性，剔除新增和撤销的城市样本。另外考虑到北京、上海等 4 个直辖市的经济超大规模，为了保证样本规模基本一致，剔除了 4 个直辖市样本，最终形成 281 个城市 2008 ~ 2018 年的城市面板数据。相关变量的描述性统计如表 4 - 2 所示。"宽带中国"政策覆盖全国 36% 的城市，研究样本跨期政策实施前 6 年，实施后 4 年。城市间创新和人力资本存量标准差较大，时间上反映出我国创新水平发展较快和人力资本迅速积累，空间分布上呈现向偏态分布的特点。

表 4 – 2　　　　　　　　　主要变量及描述性统计

变量	定义	观测值	均值	标准差
被解释变量				
创新（inv）	万人专利拥有量	3089	11.82	30.22
解释变量				
Treat	入选城市 = 1，未入选 = 0	3091	(0 = 64%)	(1 = 35%)
Post	政策前 = 0，政策后 = 1	3091	(0 = 55%)	(1 = 45%)
控制变量				
人口密度 D	人口数（人）/平方公里	3085	423.80	319.64
人力资本存量 h	大学数在校生数/总人口数比重	3057	1.82%	2.26%
物质资本投入	科研支出/一般公共财政支出	3089	1.49	1.46
移动电话普及率 MTP	平均每百人拥有的移动电话数	3088	93.67	78.82
互联网普及率 Itp	平均每百人拥有的互联网数	3088	17.33	16.36
经济发展水平	城市人均 GDP（取对数）	3037	10.48	4.13
生态环境	每万元二氧化碳排放量	3037	5.27	7.86

（二）城市信息化发展对创新的影响

为了更好地识别信息基础设施建设对城市创新的影响，本章以 2014 年为政策干预节点考察被解释变量实验前后的变化，即政策后入选城市（实验组）与非入选城市（控制组）的结果差异与政策前实验组与控制组的结果差异，如下：

$$DID = \left[E(inv^1_{treat=1}) - E(inv^1_{treat=0}) \right] - \left[E(inv^0_{treat=1}) - E(inv^0_{treat=0}) \right]$$

$$(4 - 12)$$

估计结果如表 4 – 3 所示，政策前实验组和控制组的差异为 7.623，政策后的差异为 17.492，双重差分估计结果为 9.869，以上结果均通过 1% 的显著性检验，说明政策效应显著存在。另外，本章采用最小二乘法 （OLS） 再次估计，结果如式 （4 - 13） 所示，"宽带中国" 政策效果依旧显著，并且政策效应值保持一致。

表 4 - 3　　　　　　　　　　　基准回归结果 （DID）

变量		Inv	T - C	N
政策前				1991
	控制组	3.706	7.623 ***	1086
	实验组	11.329	(0.750)	905
政策后				1098
	控制组	12.296	17.492 ***	599
	实验组	29.788	(2.794)	499
R^2	0.06	双重差分估计	9.869 *** (2.893)	3089

最小二乘法回归结果：

$$inv_{it} = 3.706^{***} + 9.869^{***} DID_{it} + 8.589^{***} Treat_i + 7.623^{***} Post_t$$
$$\quad (0.258) \quad (2.893) \qquad\qquad (1.244) \qquad\quad (0.75) \qquad (4-13)$$
$$R^2 = 0.0826$$

（三） 人力资本密度对创新的影响

考虑到人口密度、人力资本存量和物质资本投入，并控制城市经济发展相关变量后，结果如表 4 - 4 列 （1） 所示，平均政策效应下降至 5.8，人口密度、人力资本存量以及物质资本投入均对城市创新产生积极的促进作用，这一结果既符合创新理论和城市集聚理论，也与相关领域的经验研究保持一致的结果。控制变量方面，城市经济发展和生态环境均对创新有积极的影响。

表 4 - 4 考虑人力资本密度的知识函数回归

变量	（1）	（2）	（3）	（4）
inv				
Panel A：回归结果				
DID	5.8 ***	5.98 ***	4.089 **	5.668 ***
	(2.019)	(2.005)	(1.963)	(1.774)
Treat	－1.048	－0.996	0.551	－1.033
	(1.029)	(1.029)	(1.093)	(0.869)
Post	5.337 ***	5.337 ***	2.574 **	3.021 ***
	(0.861)	(0.861)	(1.003)	(0.816)
人口密度	0.018 ***	0.014 ***	0.015 ***	0.014 ***
	(0.004)	(0.004)	(0.003)	(0.003)
人力资本存量	0.629	－0.898 *	－3.974 ***	－6.115 ***
	(0.184)	(0.444)	(0.893)	(0.735),
人力资本密度		0.002 **		
		(0.001)		
人力资本网络密度			0.137 ***	
			(0.028)	
人力资本电话密度				0.039 ***
				(0.005)
资本投入	10.849 ***	10.717 ***	9.349 ***	9.227 ***
	(1.637)	(1.654)	(1.561)	(1.494)
人均 GDP	0.074	0.345	0.939	1.506
	(1.199)	(1.241)	(1.145)	(1.104)
生态环境	0.107 **	0.09 **	0.049	0.058
	(0.039)	(0.041)	(0.039)	(0.036)
常数项	－17.532	－17.76 *	－19.779 **	－24.308 **
	(10.675)	(10.69)	(9.871)	(9.682)
N	2999	2999	2999	2999
R^2	0.4651	0.4692	0.5327	0.5778
Panel B："宽带政策"实施对创新提升的程度				
全样本均值：18.23				
提升比例	31.82%	32.8%	22.43%	31.09%
实验组均值：33.58				
提升比例	17.27%	17.8%	12.18%	16.88%

续表

变量	(1)	(2)	(3)	(4)
实验组 2016 年均值：42.09				
实验组 16	13.78%	14.21%	9.71%	13.47%
Panel C：人力资本密度对创新的边际效应				
$\dfrac{\partial inv(D,h)}{\partial D}$		1.59%		
$\dfrac{\partial inv(itp,h)}{\partial itp}$			1.98%	
$\dfrac{\partial inv(mtp,h)}{\partial mtp}$				1.67%

注：1. 提升比例 = 估计系数/指标均值 * 100%。2. ***、**、* 分别表示在 1%、5%、10% 的水平上显著；括号内为稳健标准误。

本章进一步通过交互项纳入人力资本密度变量，计量模型按照方程式（4-7）进行估计，结果如表 4-4 Panel A 列（2）所示。考虑人力资本密度条件下，积极的政策影响略增至 5.98，人力资本密度对创新有积极作用并通过显著性检验，验证了本章的研究假设，也与已有经验研究结果一致（Abel J. R. et al.，2012）。交互项系数解释了人口密度和人力资本技能之间互补性的强度。也就是说，随着城市高技能人力资本存量的提高，人口密度对创新的促进进一步加大，这种特征被称为效应的依赖性（effect dependency）。数字经济时代，人与人的交流不仅限于"面对面"的方式，信息基础设施为"网络交流"建立了新联系，纳入人力资本网络密度和人力资本移动电话密度后，计量模型按照方程式（4-8）进行估计，结果如表 4-4 Panel A 列（3）和列（4）所示，信息基础建设政策效应依旧显著为正，影响程度变化不大，人力资本网络密度对创新的影响系数为 0.137，人力资本移动电话密度对创新的影响系数为 0.039，以上结果均通过显著性检验并反映以下三方面的情况。

一是信息基础设施建设显著有利于创新水平提升。通过计算样本平均水平的政策效应，可以更直观地反映"宽带中国"政策实施对城市创新提升的程度。结果如表 4 - 4 Panel B 组所示，从人力资本密度、人力资本网络密度和人力资本移动电话密度三种控制条件下的影响程度来看，政策的作用可以使城市创新提高 30% 左右。如此高的比例可能受样本结构的影响，因为只有 36% 的城市受该政策覆盖，那么处于均值附近的城市创新受政策实施的影响较大。进一步选取接受政策干预的入选城市计算实验组均值，计算政策效应。表 4 - 4 Panel B 组实验组均值结果证实了全样本结果中因包含大量的控制组样本而使总体均值降低，从而高估了"宽带政策"实施对城市创新提高的百分比。进一步如果要得到实验组和控制组的创新产出在平均水平上发生的变化，同时又要避免因为包含大量的控制组样本而拉低总体均值的情况。一个可行的办法是以 2016 年当年的样本计算创新产出的均值，因为 2016 年是政策实施的最后一年，政策覆盖城市最多，可以尽可能反映出相对于平均水平"宽带中国"政策对创新产出提高的百分比，同时可以较好地避免因包含太多的控制组而使样本均值被过分拉低的情况。结果如实验组 16 年均值所示，平均政策效应在 9.71% ~ 14.21%。结果表明"宽带中国"政策可以有效提升城市每万人专利申请量约 10%。

二是人力资本密度对创新有显著的促进作用。随着人力资本存量的提高，人口密度对创新溢出效应增加，信息基础设施建设和人力资本集聚有利于创新在我国经验表现与知识溢出理论基本一致。当城市人力资本存量为 0 时，人口集聚对创新体现为拥塞效应。为了进一步得到人力资本增加后密度的边际效应，参考金戈（2016）估算我国"科学研究和综合技术服务业"等五个行业组成的社会基础设备资本产出弹性值为 0.10 ~ 0.12，本章选取 0.12 位知识资本投入产出弹性值（α）。根据弹性系数计算公式 $\theta_H = \dfrac{\delta_H}{1 - \alpha}$ 和密度对创新边际影响效应计算，结果如表 4 - 4 Panel C 部分所示，人口密度对创新的弹性系数为 0.0159，人力资本密度对创新的弹性系数为 0.0023，人力资本密度对创新的边际影响效应为

1.59%；考虑网络密度条件下，人口密度对创新的弹性系数为0.017，人力资本网络密度对创新的影响系数为0.1557，网络密度对创新的边际影响效应为1.98%；考虑移动电话普密度条件下，人口密度对创新的弹性系数为0.0159，而人力资本移动电话密度对创新的影响系数为0.0443，移动电话密度对创新的边际影响效应为1.67%。

三是信息基础设施建设建立新的联系，进一步提升了人力资本密度创新的积极效应。对比而言，人力资本网络密度对创新边际影响最大，意味着人力资本"网络交流"信息交换产生的知识溢出效应大于"面对面交流"产生的知识溢出效应。本章认为出现这一结果既符合网络的正向外部性，也再次体现网络技术的技能偏向性特征，人力资本越高，使用信息设备的外溢性越大。然而这与国际研究结论不一致（Spulber，2007；Packalen M. & Bhattacharya J.，2015）。本章认为出现这一结果可能有两方面的原因：一是中国地理面积较大，分散在各地的人力资本"面对面交流"相对慢于"网络交流"和"移动电话交流"。二是信息技术具有边际收益递增的特征，在信息基础设施建设早期，信息设备普及率低，"面对面"信息交流的溢出效应较小；在信息基础设施建设发展升级时期，信息设备普及率较高，网络信息交流的溢出效应逐渐加大。

四、基于人口普查微观数据再检验

本章利用2010年第六次全国人口普查数据和2015年1%人口抽样调查数据，采用城市大专以上受教育劳动人口占当地劳动人口的比重表示人力资本存量，并将微观数据和宏观面板数据进行匹配，其中2010年数据匹配政策实施前城市面板数据，2015年数据匹配政策实施后面板数据，通过微观数据再次构造人力资本密度对基本研究结果进行稳健性检验。结果如表4-5所示，列（1）为仅考虑"宽带中国"政策实施效应的情况，双重差分估计系数为8.085，接近基本回归的结果。列（2）~

列（4）分别表示进一步考虑人力资本密度、人力资本网络密度和人力资本移动电话密度的情况，人力资本密度效应与基本回归保持一致，结果至少通过1%的显著性检验。微观数据检验结果再次证明本章研究结论较为稳健。

表4-5　　　　　　　　　　　　稳健性检验

变量	（1）	（2）	（3）	（4）
inv				
DID	8.085 ** (4.033)	6.229 ** (2.784)	5.462 ** (2.396)	3.816 ** (1.765)
Treat	7.102 *** (2.852)	−2.761 (2.045)	−2.236 (1.760)	−2.256 * (1.295)
Post	6.747 *** (2.398)	3.735 ** (1.816)	2.651 * (1.565)	4.003 *** (1.151)
人口密度		−0.019 *** (0.004)	0.005 ** (0.002)	0.003 ** (0.002)
人力资本存量		−1.262 *** (0.235)	−0.917 *** (0.151)	−1.803 *** (0.118)
人力资本密度		0.003 *** (0.0003)		
人力资本网络密度			0.034 *** (0.002)	
人力资本电话密度				0.012 *** (0.0003)
资本投入		8.895 *** (0.749)	8.254 *** (0.634)	6.415 *** (0.474)
人均GDP		5.668 (1.866)	2.606 * (1.569)	1.063 (1.156)
生态环境		0.189 (0.115)	0.139 (0.099)	0.056 (0.073)
常数项	2.567 (1.696)	−54.902 ** (17.454)	−30.02 ** (14.958)	−8.073 (11.045)
N	560	559	559	559
R^2	0.0965	0.5769	0.6864	0.8302

注：***、**、*分别表示在1%、5%、10%的水平上显著；括号内为稳健标准误。

五、区域异质性分析

考虑到我国经济社会发展的非均衡特征，本章接下来进行区域异质性分析，考察信息基础设施建设、人力资本密度与创新的中国特色表现特征。将城市划分为东、中、西部地区后，本章进一步考察了不同地区异质性，结果如表4-6所示。信息基础设施建设方面，结果如表4-6 Panel A所示，东、中、西部地区城市"宽带中国"政策实施的影响与基准回归方向一致，且仅有西部地区城市在控制人力资本网络密度条件下未通过显著性检验。也就是说，在东、中、西部地区城市进行信息基础设施建设均有利于创新。分别计算全样本均值条件、实验组均值条件和2016年实验组均值条件下的政策效应，结果如表4-6 Panel B所示。相对于全体样本，东部地区城市"宽带中国"政策对创新的提升比例高于40%，中部地区城市"宽带中国"政策对创新的提升比例为20.82%~32.67%，西部地区城市"宽带中国"政策对创新的提升比例为29.53%。随着政策的滞后效应，实验组样本增加而使总体均值上升，2016年政策实施完成后，东部地区城市"宽带政策"实施对创新提高程度为18%以上，中部地区城市为7.31%~11.47%，西部地区城市为14.42%。对比而言，"宽带中国"政策对创新的促进作用体现出"东西并举，西部崛起"的特征，东部地区城市在信息基础设施建设中一如既往的维持了政策红利，西部地区城市政策效应大于中部地区城市，与东部地区城市差距较小。

表4-6 不同地区异质性

inv	1	2	3	4	5	6
	东部地区		中部地区		西部地区	
Panel A：回归结果						
DID	15.954 ***	15.293 ***	2.917 ***	1.859 ***	2.132 ***	0.967
	(3.993)	(3.851)	(0.663)	(0.646)	(0.688)	(0.741)
Treat	-4.967 *	-3.807	-0.852 *	-0.369	0.085	0.758
	(2.962)	(2.862)	(0.457)	(0.442)	(0.474)	(0.514)

续表

inv	1	2	3	4	5	6
	东部地区		中部地区		西部地区	
Post	10.83 *** (2.536)	7.301 *** (2.475)	3.345 *** (0.438)	2.545 *** (0.432)	4.047 *** (0.437)	3.187 *** (0.472)
人口密度	0.026 *** (0.004)	0.025 *** (0.003)	−0.002 ** (0.001)	0.001 (0.001)	−0.003 *** (0.001)	0.009 *** (0.001)
人力资本存量	−1.561 (1.199)	−4.487 *** (0.699)	0.431 ** (0.186)	−0.089 (0.159)	0.091 (0.121)	0.229 (0.142)
人力资本密度	0.002 * (0.001)		0.001 *** (0.0002)		0.005 *** (0.0002)	
人力资本网络密度		0.114 *** (0.013)		0.049 *** (0.005)		0.049 *** (0.004)
资本投入	17.838 *** (0.672)	16.105 *** (0.677)	3.868 *** (0.125)		0.735 *** (0.219)	1.416 *** (0.235)
人均GDP	−4.026 ** (1.869)	−2.876 (1.786)	0.014 (0.328)	0.389 (0.319)	0.735 *** (0.245)	1.064 *** (0.262)
生态环境	0.436 (0.299)	0.391 (0.279)	−0.075 ** (0.033)	−0.073 ** (0.032)	0.045 *** (0.013)	0.039 ** (0.014)
常数项	7.572 (19.551)	1.74 (18.814)	2.238 (3.302)	−6.112 * (3.212)	−8.405 *** (2.472)	−13.919 *** (2.616)
N	1019	1017	1079	1079	785	785
R^2	0.5858	0.6152	0.7201	0.7396	0.6950	0.6516

Panel B："宽带政策"实施对创新提升的程度

全样本均值：37.72		全样本均值：8.93		全样本均值：7.22		
提升比例	42.3%	40.54%	32.67%	20.82%	29.53%	13.39%
实验组均值：73.15		实验组均值：16		实验组均值：8.93		
提升比例	21.81%	20.91%	18.23%	11.62%	23.87%	10.83%
实验组2016年均值：84.19		实验组2016年均值：25.44		实验组2016年均值：14.78		
提升比例	18.95%	18.16%	11.47%	7.31%	14.42%	6.54%

Panel C：人力资本密度对创新的边际效应

$\dfrac{\partial inv(D,h)}{\partial D}$	2.95%	0.22%	0.33%
$\dfrac{\partial inv(itp,h)}{\partial itp}$	3.11%	0.2%	0.8%

注：***、**、*分别表示在1%、5%、10%的水平上显著；括号内为稳健标准误。

人力资本密度方面，东、中、西部地区城市均显著为正，并通过显著性检验。经测算东部地区城市随着人力资本密度上升1%，创新产出提高0.23%；随着人力资本网络密度上升1%，创新产出提高12.95%；中部地区城市随着人力资本密度上升1%，创新产出提高0.11%；随着人力资本网络密度上升1%，创新产出提高5.57%；西部地区城市随着人力资本密度上升1%，创新产出提高0.57%；随着人力资本网络密度上升1%，创新产出提高5.57%。对比而言，东部地区城市人力资本密度对创新的促进作用最大，西部地区城市次之，中部地区城市最小；在东、中、西部地区城市，"网络交流"的人力资本密度对创新溢出效应大于"面对面交流"的人力资本密度对创新的溢出效应。

六、小结与启示

本章基于知识生产函数，借助2013年的"宽带中国"政策实施构造准自然实验，采用双重差分法进行因果识别信息基础设施建设和人力资本密度对创新的影响。研究结果表明，信息基础设施建设和人力资本密度对我国创新均具有显著的促进作用。其中信息基础设施建设的政策效应平均可以提高并干预城市10%的万人专利拥有量，并且在东部地区城市提升作用相对更大。人力资本密度对城市创新依旧保持正向作用，而信息基础设施为人才交流提供新连接基础，人力资本通过"网络交流"和"移动电话交流"对创新的溢出效应大于"面对面交流"对创新的溢出效应，并且西部地区城市溢出效应相对更大。本章的研究结论通过人口普查微观数据再检验，为促进创新国家建设的长期发展战略提供了相关启示。

第一，以信息基础设施为主要内容的新基建对国家创新发展具有重要作用。无论哪个国家，数字经济发展中必将不断升级信息基础设施。我国《"十四五"数字经济发展规划》已经提出"加快建设信息网络基础设施，有序推进骨干网扩容”等实施计划和“实施试点示范”的保障措施。未来促进创新发展，要利用好政策工具，有序推进新基建实施范围，提高数字化服务供给质量；扩大信息技术支持创新的范围，促进新产业、新业态和新模式持续涌现，释放数字红利。

第二，良好的信息基础设施能增加人与人连接的机会，引致人力资本网络密度的创新溢出效应显著提升。利用新基建发展的历史机遇，建设人力资本集聚和信息共享的新模式、新平台，搭建更多人力资本知识溢出的连接载体，以平台发展优化人力资本使用配置，加速人口红利向人力资本红利转变，保障数字化时代创新水平的持续提升。

第三，探索新基建促进创新发展的多维路径。在信息基础设施创新回报更明显的东部地区城市最大化试点实施效果，加大财政投资力度和市场效率，以信息基础设施升级为抓手推进创新平台建设，提升城市创新能力。在人力资本密度创新溢出效应更明显的西部地区城市，充分发挥网络连接和集聚资源的优势，突破创新人才不足的局限，加强全国乃至全球范围的人力资本交流密度，完善创新均衡发展的条件，普惠共享数字经济发展的红利。

第五章

数字经济发展中流动人口
技能结构的变化

一、数字经济发展中的就业情况

当前我国灵活就业从业人员规模达 2 亿人左右，其中 7800 万人的就业方式是依托网络信息平台①。2021 年底召开的中央经济工作会议明确提出，要在推动高质量发展中强化就业优先导向。2022 年政府工作报告提出城镇新增就业 1100 万人以上的目标②。灵活就业在解决劳动者生计的同时，缓解了城镇就业压力。2023 年全国"两会"期间，多位代表委员建议，应该对灵活就业人员给予更多的保障。李克强总理明确指出，要一方面继续鼓励增加相对稳定的就业岗位，另一方面也要广开灵活就业的渠道。根据希克斯－马歇尔派生需求定理，就业是经济生产的引致需求。在新冠疫情蔓延、世界经济下行及人口老龄化加快等多重冲击下，数字经济创造新就业的同时也通过三条途径影响就业技能结构：一是数字经济发展通过技术进步影响就业技能结构。根据技能偏向性技术进步

①② 国务院总理李克强代表国务院向十三届全国人大五次会议作政府工作报告［EB/OL］. 中国政府网，2022－03－05.

理论和任务偏向性技术进步理论，数字经济发展对不同技能水平的劳动需求存在差异，通过替代效应或互补效应改变就业技能结构。二是数字经济发展通过增加知识生产要素影响就业技能结构。新的生产要素派生出新的工作岗位，然而新就业对劳动需求的技能水平、用工模式等均有别于传统就业。三是数字经济发展通过信息基础建设影响就业岗位技能结构。信息基础设施建设是我国《"十四五"数字经济发展规划》的重要内容。信息基础建设与不同的工作任务形成替代和互补，进而改变就业岗位技能结构。

从供给侧而言，我国劳动力技能结构无论是从存量还是增量上，均保持向上的优化。存量方面，2008～2020年，我国高技能劳动力就业占比从6.63%增长到22.8%，中等技能劳动力就业占比从12.47%增长至18.38%。低技能劳动力就业占比从80.85%下降至58.5%。增量方面，随着高等教育的扩张，劳动力市场的高等教育毕业生由1999年的84.8万人增加到2022年的1076万人，新增劳动力教育程度由初中毕业生为主演变为以高等教育毕业生为主。①

从需求侧而言，数字经济发展对就业结构的影响既存在替代效应，也存在创造效应，整体表现为对技能劳动力的偏向性。替代效应方面，根据《2019全球人力资本报告》的内容，随着自动化和人工智能不断引入到企业中，全球对劳动力的需求特别是对白领和蓝领技工的需求将减少700万人，中国的实践表现得更加明显。中国数字经济占GDP比重由2014年的26.3%上升到2019年的36.2%，2013～2019年制造业非私营单位就业人数由5257.9万人下降至3832万人。②

创造效应方面，2007年中国数字经济占GDP比重为14.7%，吸纳就业人数4411万人；2018年数字经济占GDP比重为34.8%，数字经济领

①　资料来源：《中国劳动统计年鉴》。
②　资料来源：中国信通研究院历年发布的《中国数字经济发展白皮书》。

域就业岗位为1.91亿个，占当年总就业人数的24.6%。① 波士顿国际咨询机构（BCG）预测，2035年中国整体数字经济就业总容量将达4.15亿②。根据2021年中国青年创业发展报告，青年创业群体中大专及以上学历占比达到86.1%，在科创板上市的信息技术企业占比为40%，创业带动就业潜力巨大。

技能的偏向性方面，数字经济部门劳动者教育结构显著优于非数字经济部门。根据2019年中国社会状况综合调查显示，数字经济部门劳动者学历分布集中在本科（28.71%），非数字经济部门集中在初中（31.47%）。数字经济发展非均衡形成人才集聚非均衡，地区间表现为"宽带中国"政策试点城市高技能劳动力占比较高，产业间表现为第三产业集聚65%数字人才。③

供求动态均衡中，我国就业岗位技能结构呈现逐渐向上极化的趋势。从劳动者就业行业、职业和受教育水平三个维度对就业岗位进行分类，2008～2018年我国就业岗位技能结构呈现"先凸后凹"、渐强趋势向上极化，中等技能以上就业岗位均有不同程度的增加，68.15%的就业岗位平均受教育年限有所提高，前5个岗位主要集中在信息技术行业；31.83%的就业岗位平均受教育年限有所下降，前5个岗位主要集中在交通邮政业。④

根据第七次全国人口普查数据，我国流动人口达到37582万人，占全国人口的26.6%，52%的流动人口分布在IT互联网、房地产、制造业，受数字化技术普及影响较大，面临机器替代、经济结构调整所带来的失业风险更大。那么数字经济迅速发展中，流动人口的就业技能结构呈现怎样的特征？数字技术普及对不同技能劳动者有何影响？对不同群体特

---

① 资料来源：中国信通研究院历年发布的《中国数字经济发展白皮书》。
② 波士顿国际咨询集团（BCG）、《数字经济下的就业与人才研究报告（迈向2035：4亿数字经济就业的未来）》。
③ 龚六堂. 数字经济就业的特征、影响及应对策略［J］. 国家治理，2021（23）：29-35.
④ 纪雯雯. 中国新就业形态的主要特征与发展趋势［J］. 新经济导刊，2020（3）：17-28.

征的影响是否相同？以上一系列问题值得引起关注。从微观层面，如果就业技能结构变化与个体特征相关，意味着就业机会在不同群体间的分布差异，那么需要关注个体特征对就业结构的影响；从宏观层面，数字经济是一个广泛运用信息通信技术（ICT）的经济系统（Tapscott，1996），互联网、电脑等数字化设备普及程度会替代特定技能群体的劳动力，那么需要关注数字化基础建设普及对就业技能结构的影响。从政策层面，党的二十大报告提出"实施就业优先战略"并做出重要部署，为促进高质量充分就业提供了科学指引。因此，本书聚焦数字经济发展中的流动人口就业技能结构变化问题。首先，构建"职业—教育"测量指标，测量我国流动人口就业技能结构及变化；其次，采用多层线性模型从地区和行业数字化，以及个体层面识别数字经济发展对不同技能群体就业的影响，以及不同特征群体的影响差异。进一步提出优化流动人口就业技能结构、提升就业质量的路径。

二、文献综述

理论上，数字经济作为一种 ICT 渗透的经济，其发展对就业技能结构的影响可纳入技术进步对就业的影响框架，识别技术进步与劳动就业的因果关系是历久弥新的经典问题，其中如何检验不同岗位的劳动者受到技术的冲击程度是该领域中最难以解决的问题之一。如图 5 - 1 所示，早在 20 世纪后期，劳动力市场出现高学历劳动力供给增加与技能溢价并存的悖论，奥特尔等（Autor et al.，1998）发现，以信息技术为代表的技术革新是造成劳动力技能需求分化、高技能劳动力相对需求增加和技能溢价上涨的重要原因。20 世纪 90 年代学者们放松技术中性假定，提出技能偏向型技术进步理论假说（skill-biased technological change，SBTC），该理论解释了不同技能劳动力相对供求变化是技能溢价变化的原因，然而却遭到两方面的质疑。一是无法解释技能劳动力供给对技能溢价的影响，表现为美国 19 世纪 60 年代伴随受过良好教育的劳动力供给增加，70 年代技能溢价下降，而 80 年代同样伴随高技能劳动力供给的增加却出现技能溢价上涨的现象（Katz & Murphy，1992）。二是将技术进步视为外生变量，对高技能劳动力进一步推动技术进步的情况考虑不足（Funk & Vogel，2004）。阿西莫格鲁（Acemoglu，2002）将技术进步内生化，从劳动力技能需求分化的角度对技能偏向性技术进步影响进行了详细阐述，认为信息和通信技术的发展、计算机资本价格下降，以及信息化设备大规模使用引发对高技能劳动力相对需求上升、对低技能劳动力相对需求下降。

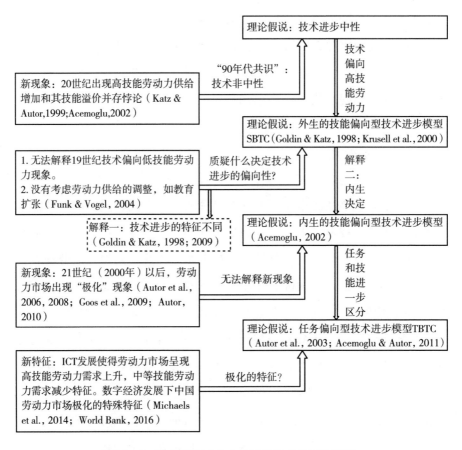

图 5-1 技术进步对就业技能结构变化理论演变

随着20世纪90年代美国"信息高速公路"战略实施，劳动力市场上出现高技能劳动力占比迅速增长的趋势（Autor，Lawrence & Melissa，2006），但并未引起低技能劳动力大量失业。"技能偏向型技术进步"理论无法解释高、低技能劳动者的就业份额同时增加，而中等技能劳动者就业份额所下降的"两极化"现象（Autor et al.，2006；Goos & Manning，2007）。随后，学者们将引起职业任务变化的技术进步归纳为"任务偏向型技术进步"假说（task biased technological change，TBTC），试图从学理上解释劳动力市场极化现象，提出技术进步对不同类型工作的影响路径差异，即主要替代的工作是那些常规任务（routine tasks）的工作（Autor，2013）。阿西莫格鲁和奥特尔（Acemoglu & Autor，2011）从工作任务和劳动者技能的差异视角，厘清技术进步对不同工作任务的影响差异，进而派生出不同的劳动技能需求，由此形成就业极化现象的作用机制。后来，学者们利用不同国家的经验证据对上述假说进行了验证（Goos et al.，2014；Autor & Dom，2013）。20世纪50年代以来制造业中等技能员工需求的减少似乎已经成为一种全球性趋势（Kunst，2019），但中国劳动力市场可能存在不同的特征（World Bank，2016）。阿西莫格鲁和雷斯特雷波（Acemoglu & Restrepo，2018，2019）认为人工智能技术不仅改变了劳动力技能需求，还创造了新的工作任务，即那些非常规和认知性工作任务的需求。高根等（Kogan et al.，2023）基于工作任务模型，借助GPT4等文本分析工具将技术冲击分类为劳动节约型技术冲击与劳动增强型技术冲击，通过资本与劳动力之间的替代弹性区分工作任务，结果表明这两类技术冲击都会对劳动者产生负面影响，只是具体表现有所差异。国外相关研究对于数字经济发展中就业技能结构变化尚无定论。

得益于研究数据的日渐丰富和研究方法的普及，国内相关研究如雨后春笋。一种研究基于技能偏向型技术进步的视角，采用大量微观数据发现中国劳动力就业结构是以升级为主。其中，早期研究主要聚焦数字设备普及的影响，代表研究是陈玉宇等（2008）利用2005年全国家庭普查数据研究发现，个人使用计算机可以有效提高20%的工资回报率，而这种工资提升效应在青年群体中高达33%～76%（高梦滔等，2009）利用中国家庭动态跟踪调查数据（CFPS）、中国营养与健康调查数据（CHNS）和中国综合社会调查数据（CGSS）的研究也一致验证了计算机使用对个人收入有显著的正向作用（李雅楠等，2017；谭燕芝等，2017；蒋琪等，2018；毛宇飞等，2019）。然而，这些研究无法避免样本选择性偏差问题，即数字经济发展中可以使用计算机等信息化设备的群体本身就具有与技术互补的技能，侧面说明我国数字经济发展遵循技能偏向型技术进步（SBTC）路径，并从收入变化角度证实了我国存在以数字化普及过程中的"升级"特征。但也有研究发现，技术进步并非引起就业向上极化的单一因素，沿海发达地区生活成本会挤出低技能水平劳动力（孙早等，2019），而工业智能化为核心的多重因素交互影响等也会促进就业结构单向升级（惠树鹏和单锦荣，2022）。

另一种研究基于"任务偏向型技术进步"假说（task biased technological change，TBTC），采用不同层面的数据验证了中国劳动力市场结构变化特征，结果发现整体结构变动呈现出"升级（upgrading）"，但是区域间和群体间出现"两极化（polarization）"，并逐渐与同期国际劳动力极化现象趋于一致（屈小博和程杰，2015；吕世斌、张世伟，2015；都阳等，2017；叶胥等，2021），其微观机制在于常规任务的减少和非常规任务的增加（刘国亮和卢超，2022）。数字经济通过促进经济增长，扩大了就业岗位需求（Bessen，2019），并且新创出如网约车、骑手和网络主播等新的就业岗位和就业机会（李晓华，2019）。但这类新创岗位对就业者技能要求较低、进入门槛宽松（田鸽等，2022），反而对劳动力市场就业技能结构起到向下单极化的作用。王永钦等（2020）采用中国制造业上市公司微观数据研究发现，机器人替代了制造业中等技能劳动力，并提升了低技能劳动力就业，但对高技能劳动力就业没有显著影响。采用全国人口普查数据的研究发现，中国劳动力市场2010年以来呈现出"就业极化"和新创岗位的职业分布不对称的特征（王永钦等，2023）。

　　已有文献探讨了国内外数字技术进步对就业的影响，做了十分有益的探索尝试，但并未得出一致的结论，研究也存在以下待改进之处。一是在就业技能结构测量方面。已有研究主要采用三种测量方法：第一种是采用教育程度作为工作岗位代理指标。但将教育和任务视为一致，理论上又回到技能偏向技术进步的框架中。经验研究对教育程度划分不一致，也影响研究结论的适用性。其中，有些研究采用三级教育结构代表技能结构（孙早，2019），有些研究以特定学历作为划分依据（王永钦等，2020）。第二种是采用职业作为工作任务的代理变量。第三种是参考职业大典对职业内容描述作为工作任务的代理变量。第二、第三种方法基于职业、工作任务测量，更多适用于劳动力市场机制健全的环境中，对我国工资机制多重决定的环境考虑不足，会丢失掉一些重要的信息。二是忽略了数字经济发展的不同阶段对劳动力技能结构影响的差异（Aghion et al.，2018）。以往不少研究考察了技术进步对劳动力就业技能结构变动的影响，刻画十几年间劳动力市场技能结构向上单极化、向下单极化，以及两极化的特征和趋势。也有一些研究从劳动者技术使用差异、行业技术应用差异以及区域发展差异等角度探讨了变化趋势背后的机制，并将原因归于教育差异、地区经济发展差异和行业数字技术应用差异等因素。缺乏将这些因素纳入一个统一的分析框架进行综合考察。三是现有文献主要关注欠发达地区移民流入发达地区后对劳动力市场的影响，但对国内移民群体的劳动力市场表现涉猎不足。数字经济的技术偏向性使其红利产生群体偏向，对不同群体的影响程度可能存在显著差异（张勋等，2019）。

　　与已有研究相比，本书可能的边际贡献主要表现在以下三方面：一是参考柯斯特等（Cortes et al.，2020）的任务划分方法，从受教育水平和职业任务两个维度对就业岗位进行分类，更适合反映我国就业技能水平。二是从数字经济发展的核心出发，以地区和行业数字化为代表，通过构建交叉分类多层模型将个人层面、城市和行业层面同时纳入分析框架，为厘清这些结构性因素的独立效应、探索当前技能结构变化的关键所在。三是聚焦流动人口群体的就业技能结构。移民在劳动力市场上表现一直是发展经济学的热门议题，对流动人口内部就业技能结构变化的趋势分析，以及数字经济发展的对其变化影响的识别将为国内移民的劳动力市场表现的研究提供有益补充视角。

三、流动人口就业技能结构与理论模型

（一）流动人口就业技能结构

从职业任务和受教育水平两个方面对就业岗位技能进行分类，包括三步：第一步，参考柯斯特等（Cortes et al.，2020）对工作任务的划分方法，以岗位的常规性和认知性两个维度为标准，将流动人口的职业分为四个类型：非常规知识性工作（non-routine knowledge job，L_{NRK}）、常规性知识工作（routine knowledge job，L_{RK}）、非常规操作性工作（non-routine operational job，L_{NRO}）和常规操作性工作（routine operational job，L_{RO}）。其中，常规性衡量岗位被自动化替代的程度，认知性衡量岗位属于操作性工作任务，还是知识性工作任务（见表 5 – 1）。

表 5 – 1　　　　　　　　　　职业分类

知识性划分		操作性划分	
非常规知识性 L_{NRK}	国家机关、党群组织、企事业单位负责人；专技人员	非常规操作性 L_{NRO}	餐饮、家政、保洁和保安
常规性知识 L_{RK}	经商、商贩、公务员、办事人员和有关人员	常规操作性 L_{RO}	装修、快递、农林牧渔水利生产人员、生产、运输、建筑、其他生产、运输设备操作人员及有关人员

第二步，将分析样本限定为调查时点处于劳动年龄（16～64 岁）的

就业群体，按照 12 年受教育年限划分，将流动人口已就业岗位分为高等教育岗位和未接受高等教育岗位，记为：L_{high}、L_{low}，则劳动力市场供给为：$L_S = L_{high} + L_{low}$。

第三步，遵循我国劳动力市场中，教育水平对职业选择的影响，在常规性和认知性划分基础上，进一步结合个体教育水平，形成"职业—教育"测量，其计算公式如图 5 - 2 所示，"岗位"被定义为一个行业中的某一个"职业"，在常规性和认知性交叉确定的"岗位"基础上，根据个体受教育水平对这些"岗位"进行高、低技能分类，将高教育水平且非常规知识性职业定义为高技能岗位，将非高教育水平且常规性操作性职业定位为低技能岗位，其余为中等技能岗位。

$$(L_{NRK}、L_{RK}、L_{NRO}、L_{RO})\begin{pmatrix} L_{high} \\ L_{low} \end{pmatrix} = \begin{pmatrix} job_{NRK\_high} & job_{NRK\_low} \\ job_{RK\_high} & job_{RK\_low} \\ job_{NRO\_high} & job_{NRO\_low} \\ job_{RO\_high} & job_{RO\_low} \end{pmatrix} \Rightarrow \begin{pmatrix} job_{NRK\_high} \\ job_{RK\_high} & job_{NRK\_low} & job_{RK\_low} \\ job_{NRO\_high} & job_{NRO\_low} & job_{RO\_high} \\ job_{RO\_low} \end{pmatrix} = \begin{pmatrix} y_{\_h} \\ y_{\_m} \\ y_{\_l} \end{pmatrix}$$

图 5 - 2　岗位分类计算公式

经测算，2011 ～ 2018 年流动人口就业技能结构变化程度如图 5 - 3 所示，高技能就业岗位从 2011 年的 12.33% 增加到 2017 年的 22.21%，后于 2018 年下降到 14.23%，整体增幅为 1.9%；中等技能就业岗位从 2011 年的 43.86% 增加至 2018 年的 51.36%，增幅为 7.5%；而低技能岗位从 2011 年的 42.82% 下降至 2018 年的 34.42%，降幅达到 9.4%。流动人口就业岗位技能结构呈现单一方向、不同程度向上极化的特征，与采用国际劳工组织数据的研究和大多数国内劳动力市场整体技能结构变化的研究结果较为一致，即随着数字经济发展，中国低技能就业占比下降，中、高技能就业占比快速上升（陈斌开和马燕来，2021），中等技能劳动力在劳动力市场中仍然发挥重要的作用（陈贵富等，2022）。

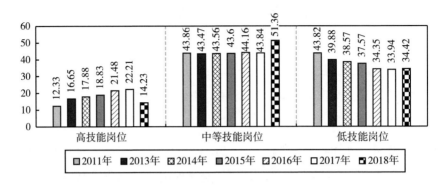

图 5 - 3　2011～2018 年流动人口就业技能结构变化

（二）理论模型

根据奥特尔（Autor，2013）的任务分配模型，假设最终产出的静态环境中，封闭经济条件下不存在商品贸易。唯一的最终产品是由 $[0,1]$ 单位间隔所代表的一系列任务组合而成。为了简化分析，假设技术合成是一个固定替代弹性集合的任务，所以最终产品产出为：

$$Y = \Big[\int_0^1 y(p)^{\frac{\sigma-1}{\sigma}} dp \Big]^{\frac{\sigma}{\sigma-1}} \qquad (5-1)$$

其中，Y 代表最终商品产出，$y(p)$ 代表第 p 个任务的产品或服务，σ 代表不同任务之间的替代弹性。假设劳动力市场有高、中、低三种技能类型劳动力，分别无弹性提供的劳动力数量单位为 H、M 和 L。在任何给定时间点，潜在可行任务的子集 $I \in [0,1]$ 可完成（而其余的任务则无法实现生产）。每一个可完成的任务具有以下生产函数：

$$y(p) = A_L \alpha_L(p) L(p) + A_M \alpha_M(p) M(p) + A_H \alpha_H(p) H(p) + A_K \alpha_K(p) k(p)$$
$$(5-2)$$

其中，A 代表要素增强型技术进步（factor-augmenting technology），$\alpha_L(p)$、$\alpha_M(p)$ 和 $\alpha_H(p)$ 是任务生产率计划表，用于在不同任务中选定低、中、高技能工人的生产率。相应的 $\alpha_L(p)$ 是低技能劳动力在 p 任务中的生产率，$L(p)$ 是配置于 p 任务的低技能劳动力的数量。$\alpha_M(p)$ 是中等技能劳动力在

p 任务中的生产率，$M(p)$ 是配置于 p 任务的中等技能劳动力的数量。$\alpha_H(p)$ 是高技能劳动力在 p 任务中的生产率，$H(p)$ 是配置于 p 任务的高技能劳动力的数量。$\alpha_K(p)$ 是资本在 p 任务中的生产率，$k(p)$ 是配置于 p 任务的资本规模。与标准模型一致，技术 A_L、A_M 和 A_H 随着低技能、中等技能和高技能要素增强型技术进步而变化。然而与标准模型不同的是，一种要素增强型技术进步没有增加所有要素的价格。

尽管每一项任务 p 均由高、中、低技能劳动力或资本组成，但是技能组合的比较优势因任务而异，如 α 所表现的。比较优势差异对于理解任务和技能的相互作用至关重要。

假设 $\dfrac{\alpha_L(p)}{\alpha_M(p)}$ 和 $\dfrac{\alpha_M(p)}{\alpha_H(p)}$ 均为严格递减，这意味着劳动者生产率的值越高，对应的任务越复杂，高技能劳动力生产率高于中等技能劳动力，中等技能劳动力的生产率高于低技能劳动力。虽然不是非常严格，但这一假设确保了对经济均衡的一个简单而紧的特点。

假设 $\alpha_K(p) = 0$，所以资本不参与任务的竞争，所有任务由劳动完成。要素市场出清：

$$
\begin{cases}
\displaystyle\int_0^1 L(p)\,dp \leqslant Low \\[3mm]
\displaystyle\int_0^1 L(p)\,dp \leqslant Mid \\[3mm]
\displaystyle\int_0^1 L(p)\,dp \leqslant High
\end{cases}
\tag{5-3}
$$

该均衡模型的结构与阿西莫格鲁和奥特尔（Acemoglu & Autor，2011）一致。由于上述比较优势的简单性质，该均衡模型包括将连续任务划分为三个相邻的集合：

（1）最简单的任务集，在 $0 \leqslant p \leqslant I_L$ 区间，由低技能劳动力（L）供给完成；

（2）中等技能任务集处于 $I_L < p \leqslant I_H$ 区间，由中等技能劳动力（M）

供给完成；

（3）高技能任务集处于 $I_H < p \leqslant 1$ 区间，由中等技能劳动力（H）供给完成。

其中 I_L 和 I_H 是任务区间的分割点，内生于模型中。完全竞争的劳动力市场要求适用技能一价定律。每单位低技能劳动获得工资为 W_L，中等技能劳动获得工资为 W_M，高技能劳动获得工资为 W_H。此外，每个任务都由一定的技能组合完成，任务配置到技能组受无套利条件的约束：对于临界点处的任务 I_L，均衡状态下低技能劳动力完成任务的成本与中等技能劳动力相同。同样，在均衡条件下，中等技能劳动力完成任务的成本与高技能劳动力相同。然而，对于集合内部的工作任务（$p < I_L$，$I_L < p < I_H$，$p > I_H$），特定技能的比较优势对劳动者技能有严格的要求。以上条件，可以确保存在唯一的任务分割点 I_L^* 和 I_H^*，不同技能要求的任务分割点共同满足技能一价定律、无套利条件和市场出清条件。

尽管在标准模型中，要素增强型技术进步总是增加技术劳动力和非技术劳动力的实际收入，但在工作任务内生分配条件下，情况可能并非如此。阿西莫格鲁和奥特尔（Acemoglu & Autor，2011）表明，增加高技能偏向技术进步的因素（A_H）则会降低中等技能劳动力的工资。尤其是当产生提高高技能劳动力生产率的新技术时，就会出现鼓励中等技能劳动力去完成过去由高技能劳动力完成的任务，而相应地将低技能任务转移到中等技能劳动力时则无利可图的情况。

劳动力市场出清意味着每一个工作任务都匹配到相应技能的劳动力：

$$Y = \left[\int_0^1 y(p)^{\frac{\sigma-1}{\sigma}} dp \right]^{\frac{\sigma}{\sigma-1}} = \sum y_p = L_H + L_M + L_L \qquad (5-4)$$

技术进步引起工资收入在不同群体间（Acemoglu & Autor，2011）、不同地区间，以及不同产业间重新分配，进一步引起劳动力市场技能岗位结构变化。参考梅斯（Mince，1974）提出的工资方程形式，第 p 种技能岗位的就业份额变化受到劳动者人力资本的影响，也受到行业和地区技术普及的影响。由于这些影响因素从个体、行业、地区三个层面共同产生作用，并且影响个体就业层面的变量嵌套于行业和地区层面变量中，为了验证不同层次因素的影响，本书构建采用多层线性回归模型（hierarchical linear models，HLM）分析，该模型可以很好地处理具有嵌套结构的情况：

$$y_{ijk} = edu_i + age_i + age_i^2 + \sum control_i + Dig\_industry_j + Dig\_city_k$$

$$(5-5)$$

其中，i 为个体特征、j 为行业特征、k 为城市特征，edu_i 代表劳动者受教育年限，age_i 代表劳动者年龄，age_i^2 为劳动者年龄的平方，$control_i$ 代表其他个体层面的控制变量。$Dig\_industry_j$ 代表所在的行业数字化普及程度，Dig_city_k 代表所在的城市数字化普及程度。考虑到本书考察的就业技能岗位同时嵌套在特定的行业和城市，而行业和城市属性相互叠加但并非简单的嵌套，因此本书采用交叉分类多层模型（cross-classified multilevel model）。为分解不同层面变量的影响，首先建立不包含任何解释变量的方差构成模型：

$$y_{ijk} = \beta_{0jk} + \varepsilon_{pjk} \qquad (5-6)$$

$$\beta_{0jk} = \gamma_{000} + \mu_{0j} + \delta_{0k} \qquad (5-7)$$

将方程（5-7）代入方程（5-6），得到：

$$y_{ijk} = \gamma_{000} + \mu_{0j} + \delta_{0k} + \varepsilon_{pjk} \qquad (5-8)$$

μ_{0j}，δ_{0k}，ε_{pjk} 分别表示因变量在行业、城市以及个体层面的随机效应。方程（5-8）中不加任何变量，因此可以对就业岗位差异的来源进行方差的分解。首先，模型设定 $\varepsilon_{pjk} \sim N(0, \sigma_{0i}^2)$，$\mu_{0j} \sim N(0, \sigma_{0j}^2)$，$\delta_{0k} \sim N(0, \sigma_{0k}^2)$。其次，加入个体层面、行业层面和城市层面的变量，以考察数字经济发展如何影响就业技能结构。最后，通过方程（5-9）分别对高、中、低技能岗位就业份额变化进行分析，以考察就业技能结构变化。

$$y_{ijk} = \gamma_{000} + \mu_{0j} + \delta_{0k} + \varepsilon_{pjk} \qquad (5-9)$$

四、数据说明与实证分析

(一) 描述性统计

本书的因变量为流动人口不同技能岗位就业份额变化,个体层面的解释变量包括性别、户口、流动范围、婚姻、年龄、教育程度等。以上信息来自2011~2018年中国流动人口动态监测调查数据 (china migrants dynamic survey, CMDS)。对数字经济的测量,参考刘军等 (2020)、杨慧梅和江璐 (2021) 的研究,采用信息化基础设施建设进行测度,并根据2011~2018年《中国城市统计年鉴》整理了城市数字经济发展情况。采用行业每百人电脑拥有量、使用电脑的企业占比、使用互联网的企业占比、使用互联网开展活动的企业占比测度行业数字经济发展,并根据2013年中国第三次经济普查、2018年中国第四次经济普查统计资料整理了行业数字经济发展情况数据,最终形成一套混合横截面数据 (pooled cross sectional data set)。在剔除值缺失的样本后,有效样本量及样本的主要个体特征,以及个体所在城市、行业数字经济发展特征如表 5-2 所示。

表 5-2　　　　　　描述性统计

变量	2011 年	2013 年	2014 年	2015 年	2016 年	2017 年	2018 年
高技能岗位	12.33	16.65	17.88	18.83	21.48	22.21	14.23
中等技能岗位	43.86	43.47	43.56	43.6	44.16	43.84	51.36
低技能岗位	43.82	39.88	38.57	37.57	34.35	33.94	34.42
个体层面	均值						
性别 (男性)	58.87	59.34	62.73	58.44	57.39	57.63	56.58
户口 (农业)	82.69	85.17	84.12	84.14	82.99	78.1	69.08
流动范围 (跨省)	53.4	52.31	51.87	50.92	49.96	50.5	51.6
婚姻 (已婚)	65.66	74.15	74.71	77.2	78.43	78.19	79.63

续表

	变量	2011 年	2013 年	2014 年	2015 年	2016 年	2017 年	2018 年
年龄（均值）		31.68	33.34	34.28	34.97	35.37	35.72	36
工资（月均）		2398	3269	3741	4170	4248	4544	4943
单位性质	国有	10.44	5.73	7.14	6.62	6.81	7.6	8.31
	私企	50.72	32.59	31.16	27.23	28.47	28.91	29.33
	个体工商户	19.64	42.67	43.08	40.83	42.41	41.02	40.76
教育程度	文盲	1.33	1.39	1.42	1.41	1.35	1.74	1.92
	小学	11.98	12.21	11.98	12.21	11.72	12.63	12.51
	初中	52.05	54.37	52.83	51.09	47.54	44.05	42.49
	高中	22.85	21.88	20.57	22.19	22.67	22.6	22.72
	专科	7.64	6.62	8.61	8.36	10.02	11.21	11.93
	本科	3.87	3.29	4.24	4.41	6.16	7.15	7.76
	研究生	0.29	0.23	0.35	0.32	0.53	0.62	0.68
样本量		57544	163656	176393	166305	136129	131094	127103
地区层面		均值						
"宽带中国"城市		—	—	23.63	34.16	47.06	46.63	46.15
移动电话普及率		177.08	174.96	172.34	166.79	167.39	175.61	160.95
互联网普及率		29.03	28.21	29.29	34	35.02	39.54	41.5
行业层面		均值						
2013 年行业百人电脑量		19.79	23.63	26.02	—	—	—	—
2013 年使用电脑的企业在行业中占比		99.45	99.42	99.39	—	—	—	—
2013 年使用网络的企业在行业中占比		58.56	57.36	58.83	—	—	—	—
2013 年使用网络开展活动的企业行业占比		98.14	98.08	97.94	—	—	—	—
2018 年行业百人电脑量		—	—	—	33.62	34.92	33.09	36.56

续表

变量	2011 年	2013 年	2014 年	2015 年	2016 年	2017 年	2018 年
2018 年使用电脑的企业在行业中占比	—	—	—	99.72	99.71	99.72	99.7
2018 年使用网络的企业在行业中占比	—	—	—	71.04	71.12	72.43	71.48
2018 年使用网络开展活动的企业行业占比	—	—	—	99.59	99.59	99.58	99.59

注：（1）"宽带中国"政策于 2013 年颁布，2014 年开始实施，因此 2014 年以前数据缺失。

（2）目前没有行业数字设施普及的城市面板数据，限于数据可得性，为此本书处理步骤如下：第一步，选取 2013 年中国第三次经济普查和 2018 年中国第四次经济普查统计资料中两期行业信息化情况数据；第二步，借鉴临近点均值替换（mean imputation）的思路，采用 2013 年的数据代表 2011～2014 年的数据，采用 2018 年的数据代表 2015～2018 年的数据；第三步，采用相应年份流动人口微观就业行业的平均信息化程度。这种方法是建立在完全随机缺失（MCAR）的假设之上的，而且会造成变量的方差和标准差变小。

（二）影响就业技能结构的个体因素

回归结果如表 5-3 所示，教育显著有利于就业技能结构升级，其中劳动者平均受教育水平增加 1 年，高技能岗位就业份额增加 1.06%（=exp(0.0615)），低技能岗位就业份额减少 0.93%（=exp(-0.0722)）。年龄对就业技能结构变化的影响，一开始随着劳动者年龄增加，只增加低技能岗位就业份额；到达一定年龄后，随着年龄增加，增加中、高技能岗位就业份额，这种变化在一定程度上源于工作经验积累带来的就业技能升级效应。相比女性，男性劳动者促进高技能岗位份额增加 1.02%（=exp(0.0211)），低技能岗位就业份额减少 0.98%（=exp(-0.018)），就业技能结构中呈现出性别的"反向两极化"特征，即男性在向上极化，而女性在向下极化的"性别差异"。相比农业户口劳动者就业，非农户口促进高技能岗位就业份额增加 1.01%（=exp(0.0186)），反映出数字经济发展中流动人口技能结构变化中的"户籍分割"。相对于未婚，已婚劳动者就业会显著提高低技能岗位份额；与省内流动相比，劳动者跨省流动平均增加 1.04%（=exp(0.0356)）的低技能岗位；相比于市场化就业，劳动者在国有企业和事业单位就业显著增加1%左右的中、高技能岗位就业份额，并减少低技能岗位就业份额。虽然国有企事业单位稳定的雇佣关系有助于技能形成（李政，2024），但所有制差异也在一定程度上反映出就业技能结构变化中的"体制分割"。

表5-3　　　影响就业技能结构的微观因素（2011～2018年）

变量	y_{ijk}		
	H	M	L
个人层次			
教育	0.0615 *** (0.0001)	0.0107 *** (0.0002)	-0.0722 *** (0.0002)
年龄	-0.0031 *** (0.0002)	-0.0088 *** (0.0004)	0.0119 *** (0.0003)
年龄^2	0.00005 *** (0.0000)	0.0001 *** (0.0000)	-0.0002 *** (0.0000)
性别	0.0211 *** (0.0007)	0.0031 *** (0.001)	-0.018 *** (0.0008)
户口	0.0186 *** (0.0009)	-0.0014 (0.0014)	-0.0172 *** (0.0011)
婚姻（已婚）	-0.0495 *** (0.001)	-0.0139 *** (0.0015)	0.0356 *** (0.0012)
流动距离（跨省）	-0.0163 *** (0.0008)	-0.0131 *** (0.0012)	0.0295 *** (0.0009)
就业所有制（国有）	0.015 *** (0.0014)	0.0088 *** (0.0022)	-0.0238 *** (0.0017)
截距	-0.3524 *** (0.0208)	0.5081 *** (0.0272)	0.8437 *** (0.0303)
个人层次标准差	0.3094 (0.0002)	0.4732 (0.0003)	0.3679 (0.0003)
城市层次标准差	0.0604 (0.0012)	0.0867 (0.0015)	0.0789 (0.0012)
行业层次标准差	0.0926 (0.0144)	0.1196 (0.0186)	0.136 (0.021)

续表

变量	y_{ijk}		
	H	M	L
相关系数（城市）	0.0338	0.0306	0.0389
相关系数（行业）	0.0794	0.0582	0.1155
相关系数（合计）	0.1132	0.0888	0.1544

注：（1）括号内数值为标准误。（2）*** 代表 $p < 0.001$，** 代表 $p < 0.05$，* 代表 $p < 0.1$。（3）个体层次样本量为958099，地区层次样本量为6414，行业层次样本量为21。

根据表5-3分解的组内相关系数（intra-class correlation，ρ），可以看出城市和行业因素对于就业岗位技能结构变化的影响及程度。其中，高技能岗位就业份额增加受到城市层面影响程度约为3.38%，受行业影响约为7.94%，二者为高技能就业岗位增加合计贡献了11.32%，而余下的88.68%的影响由个体层面因素所解释。中等技能岗位就业份额变化受到城市层面影响程度约为3.06%，受行业影响约为5.82%，二者为高技能就业岗位增加合计贡献了8.88%，而余下的91.12%的影响由个体层面因素所解释。低技能岗位就业份额减少受到城市层面影响程度约为3.89%，受行业影响约为11.55%，二者为高技能就业岗位增加合计贡献了15.44%，而余下的84.56%的影响由个体层面因素所解释。综上所述，城市因素和行业因素分别对就业技能结构升级的影响程度为10.33%和25.32%，二者合计影响程度达到1/3以上（35.65%），且二者相比较，行业影响约为城市影响的两倍①。

（三）影响就业技能结构的城市、行业因素

进一步引入城市、行业数字化变量后，依次拟合了包含个体和行业层次解释变量的模型，以及包含个体、城市和行业层次解释变量的交叉

---

① 在本书中对地区的分类（N = 356）较行业分类（N = 19）更为细致，导致对比地区和行业的组间差异存在一定的偏误。然而，行业分类过粗所导致的结果是各行业组内异质性相对更大，继而低估行业的组间差异，这与行业差异大于地区差异的基本结论并不相悖。

分类多层模型，以此分析影响我国就业结构变化的因素。我国数字化基础设施"起步晚、发展快"（纪雯雯，2023）。2013 年国务院通过"宽带中国"战略实施，对120 个入选城市的数字化基础建设进行"目标导向"式推动，数字化基础设施建设飞速发展，互联网普及率从 2012 年的 42.1% 提升至 2023 年的 78.2%，为各行各业提供了高速、稳定的数字化服务；网民规模从 5.64 亿人增加到 10.79 亿人，形成了世界上最为庞大、生机勃勃的数字社会[①]。城市数字化层面，采用城市"移动电话普及率"和"互联网普及率"作为数字化发展代理指标，是否入选"宽带中国"城市作为数字化政策代理指标，并借助"宽带中国"政策实施作为时间划分，将 2011～2013 年"宽带中国"政策实施前作为数字化普及发展时期（回归结果见表 5 - 4），因变量为 2014～2018 年就业技能结构；2014～2018 年"宽带中国"政策实施后作为数字化干预式发展时期（回归结果见表 5 - 5），因变量采用的是 2011～2013 年就业技能结构。行业数字化层面，采用"电脑使用"和"互联网使用"的相关指标作为行业数字化发展代理指标，表 5 - 4 采用的是 2013 年行业数字化数据，表 5 - 5 采用 2018 年行业数字化数据。

表 5 - 4　　　　影响就业技能结构的交叉分类多层模型（2011～2013 年）

变量	y_{ijk}			y_{ijk}		
	(1) H	(2) M	(3) L	(4) H	(5) M	(6) L
个人层次	（行业）			（行业—城市）		
教育				0.0658 *** (0.0003)	0.0185 *** (0.0005)	- 0.0841 *** (0.0004)
年龄				- 0.0013 ** (0.0006)	- 0.0052 *** (0.001)	0.0038 *** (0.0008)
年龄^2				- 0.0000 (0.0000)	0.00001 (0.00001)	- 0.0001 *** (0.00001)

---

① 关于实施宽带中国 2013 专项行动的意见 [EB/OL]. 中央政府门户网站，2013 - 04 - 17.

续表

变量	y_{ijk}			y_{ijk}		
	(1) H	(2) M	(3) L	(4) H	(5) M	(6) L
性别				0.0112 ***	− 0.0071 ***	− 0.004 *
				(0.0015)	(0.0024)	(0.0019)
户口				0.0343 ***	− 0.0069 **	− 0.0273 ***
				(0.0022)	(0.0034)	(0.0027)
婚姻				− 0.0412 ***	0.0169 ***	− 0.0245 ***
				(0.0021)	(0.0034)	(0.0027)
流动距离				− 0.0071 ***	− 0.0189 ***	− 0.0268 ***
				(0.0017)	(0.0027)	(0.0022)
所有制				0.0115 ***	0.0278 ***	− 0.0398 ***
				(0.0032)	(0.0051)	(0.0041)
城市层次						
移动电话普及率	0.0002 ***	− 0.00004	− 0.0001 ***	0.0002 ***	− 0.00003	− 0.0001 ***
	(0.00003)	(0.00003)	(0.00004)	(0.00002)	(0.00003)	(0.00003)
互联网普及率	0.00002	0.0002	− 0.0002	− 0.00001	0.0002	− 0.0002
	(0.0001)	(0.0002)	(0.0001)	(0.0001)	(0.0002)	(0.0001)
行业层次						
行业百人电脑量	0.0053 ***	− 0.0005	− 0.005 *	0.0023 **	− 0.0014	− 0.0009
	(0.0013)	(0.0017)	(0.0027)	(0.0009)	(0.0017)	(0.0024)
行业企业电脑比	− 0.5004 **	0.0545	0.4668	− 0.4144 ***	0.081	0.34
	(0.1983)	(0.2536)	(0.4061)	(0.1349)	(0.2569)	(0.3639)
行业使用网络企业占比	0.0115 ***	0.0039	− 0.0159 **	0.0089 ***	0.0032	− 0.0122 **
	(0.0032)	(0.0041)	(0.0066)	(0.0022)	(0.0041)	(0.0059)
行业企业使用网络开展活动比	0.1181 *	− 0.0921	− 0.0328	0.0826 *	− 0.0999	0.0146
	(0.0637)	(0.0815)	(0.1305)	(0.0434)	(0.0825)	(0.1176)
截距	37.55 **	3.7899	− 41.74	32.01 ***	1.9	− 33.29
	(14.86)	(19.04)	(30.49)	(10.12)	(19.28)	(27.33)
个人层次标准差	0.3395	0.4688	0.4309	0.2934	0.4663	0.3716
	(0.0006)	(0.0008)	(0.0007)	(0.0005)	(0.0008)	(0.0006)
城市层次标准差	0.1045	0.0944	0.1209	0.0632	0.0931	0.09
	(0.0028)	(0.0028)	(0.0028)	(0.002)	(0.0028)	(0.0023)

续表

变量	y_{ijk}			y_{ijk}		
	(1) H	(2) M	(3) L	(4) H	(5) M	(6) L
行业层次标准差	0.0711 (0.0154)	0.0911 (0.0197)	0.1469 (0.0315)	0.0482 (0.0105)	0.0924 (0.0199)	0.1319 (0.0282)
相关系数（行业）	0.0385	0.035	0.0973	0.0251	0.0364	0.1064
相关系数（城市）	0.0832	0.0376	0.0658	0.0432	0.0369	0.0495
相关系数（合计）	0.1217	0.0726	0.1631	0.0683	0.0733	0.1559

注：***、**、* 分别表示在1%、5%、10%的水平上显著；括号内为稳健标准误。

1. "宽带中国"政策实施前

表5－4的列（1）～列（3）仅考虑城市和行业层面影响，结果显示，城市数字化发展有利于流动人口就业技能结构向上极化，但作用小于行业层面数字经济发展的影响，2011～2013年仅有移动电话普及显著增加了高技能岗位就业份额。行业层面影响具体表现为两个方面：一是电脑使用方面。行业每百人电脑使用量增加显著增加高技能岗位就业份额，而对中、低技能岗位影响不显著；行业企业使用电脑比例提高反而降低高技能岗位就业份额，对中、低技能岗位影响不显著。二是互联网普及方面。行业使用网络的企业占比提高显著增加高技能岗位就业份额，减少低技能岗位就业份额，对中技能岗位影响不显著。行业企业使用网络开展活动比例提高显著促进高技能岗位就业份额增加，减少中等技能岗位就业份额，对低技能岗位没有显著影响。

表5－4的列（1）～列（3）并未控制个体层面因素，结果可能存在生态谬误导致的统计假象（齐亚强，梁童心，2016）。为了排除这种可能性，进一步纳入个人层面解释变量，结果如表5－4的列（4）～列（6）所示。个体层面对应变量的回归系数与表5－3基本相同，不再赘述。控制了个体层面特征后，相较于表5－4的列（1）～列（3），地区数字化发展对就业技能结构影响并未发生显著变化，行业数字经济发展对就业技能结构的影响程度有一定下降。与表5－3的方程构成分解结果相比，个

体层面和行业层面未解释的方差（σ_{0i}^2）均有所下降。以上结果说明两点：一是在 2011～2013 年数字经济发展中，行业数字化是影响就业技能结构变化的重要因素；二是表 5 - 4 的列（1）～列（3）所分解的影响就业技能结构变化的行业差异，有一部分是源于劳动者个体的人力资本差异。

2. "宽带中国"政策实施后

表 5 - 5 显示的考虑城市数字化政策干预的影响。表 5 - 5 的列（1）～列（3）仅考虑城市和行业影响，结果显示，成为"宽带中国"城市对高技能和中等技能就业岗位有显著促进作用，对低技能就业岗位有显著抑制作用。说明城市数字经济发展显著有利于中、高技能就业岗位增加，并且破坏了一定数量的低技能就业岗位。"移动电话普及率"有利于低技能就业岗位的增加，但对中、高技能就业岗位有显著抑制作用。"互联网普及率"对中等技能就业岗位有显著的促进作用，对高技能就业岗位有显著的抑制作用，对低技能就业岗位抑制作用不显著。考虑到城市层面数字经济发展政策后，行业层面数字经济发展对就业技能结构影响明显有所降低。进一步纳入个人层面解释变量，结果如表 5 - 5 的列（4）～列（6）所示。控制个人层面变量后，成为"宽带中国"城市对就业技能结构的影响程度有所弱化，但作用依然显著，再次反映出人力资本是影响就业技能结构的主要因素。行业数字化对就业技能结构向上极化的积极作用主要表现为行业电脑使用对高技能岗位就业份额的增加，以及行业使用网络开展活动对低技能岗位就业份额的降低。

表 5 - 5　　　影响就业技能结构的交叉分类多层模型（2014～2018 年）

变量	y_{ijk}			y_{ijk}		
	（1）H	（2）M	（3）L	（4）H	（5）M	（6）L
个人层次	（城市—行业）			（个人—城市—行业）		
教育				0.0393 ***	0.0316 ***	- 0.0712 ***
				(0.0003)	(0.0005)	(0.0004)
年龄				- 0.0037 ***	- 0.0137 ***	0.0174 ***
				(0.0006)	(0.001)	(0.0008)

续表

变量	y_{ijk}			y_{ijk}		
	(1) H	(2) M	(3) L	(4) H	(5) M	(6) L
年龄^2				0.0001 *** (0.000)	0.0002 *** (0.00001)	-0.0002 *** (0.00001)
性别				0.0117 *** (0.0018)	-0.0385 *** (0.0029)	0.0268 *** (0.0023)
户口				0.0129 *** (0.0022)	-0.0109 *** (0.0035)	-0.0019 *** (0.0028)
婚姻				-0.0196 *** (0.0027)	-0.0214 *** (0.0043)	0.0409 *** (0.0034)
流动距离				-0.0066 *** (0.0022)	-0.0292 *** (0.0035)	-0.0354 *** (0.0027)
就业所有制				-0.0856 *** (0.0039)	-0.0575 *** (0.0063)	-0.0277 *** (0.0049)
城市层次						
移动电话普及率	-0.00001 *** (0.00001)	-0.0002 *** (0.00001)	0.00003 ** (0.00001)	0.0001 (0.0001)	0.0003 *** (0.0001)	-0.0004 *** (0.0001)
互联网普及率	-0.0007 *** (0.00004)	0.0007 *** (0.0001)	-0.0003 (0.00005)	-0.0004 (0.0003)	-0.0002 (0.0004)	0.0006 (0.0003)
"宽带中国"城市	0.0139 *** (0.0019)	0.011 *** (0.0024)	-0.0256 *** (0.0022)	0.0031 (0.0044)	-0.0001 (0.0064)	-0.0022 (0.0054)
行业层次						
行业百人电脑量	0.0025 ** (0.0011)	-0.0015 (0.0009)	-0.0011 (0.0017)	0.0023 ** (0.0009)	-0.0032 * (0.001)	0.0009 (0.0011)
行业企业电脑比	-0.1221 (0.2394)	-0.3218 (0.1885)	0.449 (0.3475)	0.4197 ** (0.2032)	-0.9584 *** (0.2124)	0.545 *** (0.2252)
行业企业网络比	0.0052 (0.0051)	-0.0049 (0.0039)	-0.0002 (0.0073)	0.0046 (0.0043)	-0.0078 (0.0044)	0.0031 (0.0047)
行业企业使用网络开展活动比	0.2045 (0.3244)	0.4623 (0.2553)	-0.6711 (0.4707)	-0.4016 (0.2756)	1.0551 (0.2885)	-0.6602 ** (0.3056)
截距	-8.41 (17.18)	-13.07 (13.51)	22.41 (24.94)	-2.43 (14.55)	-8.41 (15.15)	11.88 (16.11)

续表

变量	y_{ijk}			y_{ijk}		
	（1）H	（2）M	（3）L	（4）H	（5）M	（6）L
个人层次标准差	0.3657 (0.0003)	0.4776 (0.0004)	0.4199 (0.0004)	0.2894 (0.0006)	0.4624 (0.0009)	0.3639 (0.0008)
城市层次标准差	0.0975 (0.0018)	0.0828 (0.0018)	0.1021 (0.0018)	0.0759 (0.0024)	0.1032 (0.0033)	0.0914 (0.0025)
行业层次标准差	0.1010 (0.0179)	0.0793 (0.0141)	0.1469 (0.0261)	0.0851 (0.0153)	0.0879 (0.0159)	0.0941 (0.0168)
相关系数（行业）	0.0664	0.0261	0.1036	0.0748	0.0332	0.0591
相关系数（城市）	0.0619	0.0284	0.05	0.0595	0.0459	0.0558
相关系数（合计）	0.1284	0.0545	0.1536	0.1343	0.0791	0.115

注：***、**、*分别表示在1%、5%、10%的水平上显著；括号内为稳健标准误。

对比2011～2013年的影响（见表5-4），可以发现以下变化趋势：一是微观层面。教育对个体在高技能岗位就业的影响程度略有下降，说明技术进步快于教育供给；年龄增长对个体在低技能岗位就业的影响程度略有上升；男性对就业岗位技能结构变化的影响由向上极化变为两极化；非农户口和体制内工作对个体在高技能岗位就业的影响程度略有下降。二是宏观层面。城市数字化均衡化发展对就业技能结构变化并没有明显的影响，而"宽带中国"政策干预则有利于高技能岗位就业份额增加。三是相关系数层面。城市层面影响的解释程度由12.96%上升到16.12%[①]。四是方程构成分解结果中，个体层面上未解释的方差（σ_{0i}^2）变化不同。个人和行业层面的对高技能岗位就业份额变化解释的标准差有所上升，城市层面的标准差有所降低；个人层面对中等技能岗位就业份额变化解释的标准差有所上升，行业和城市层面的标准差有所降低；个人、行业以及城市层面对低技能岗位就业份额变化的标准差均有所下降。不同时期对比结果反映出三方面情况：一是人力资本提升是促进流

---

① 表5-4列（4）～列（6）的城市相关系数：12.95% = 4.32% + 3.69% + 4.95%。表5-5列（4）～列（6）的城市相关系数：16.12% = 5.95% + 4.59% + 5.58%

动人口就业技能结构向上极化的重要原因；二是城市数字化发展需要通过强度更大的干预才能对流动人口就业向上极化发挥促进作用；三是在控制个人因素和城市数字化建设和政策干预因素后，行业数字化主要通过电脑使用率促进流动人口就业向上极化。

五、异质性分析

本书在模型（5-4）的基础上，分别依次加入城市和行业变量与个体性别、户籍、受教育水平及流动范围的跨层交互项，识别数字化发展对不同特征群体的就业技能结构影响的异质性，结果如表5-6所示。表5-6 Part A 显示，与女性相比，城市数字化发展并未对男性流动人口技能结构产生更大的影响；而行业数字化发展则对男性高技能岗位就业份额增加产生更大的影响，尤其是行业电脑和网络使用率提高。表5-6 Part B 显示，与农村户籍相比，城市移动电话普及和行业使用网络比例提高可以显著增加非农户籍流动人口在高技能岗位就业份额。而城市网络普及和行业中电脑普及则增加非农户籍流动人口在中低技能岗位就业份额。表5-6 Part C 显示，随着教育水平的提高，数字化发展更多增加了中等技能岗位就业份额，而行业使用网络开展活动的企业比例增加对就业技能结构产生两极化的影响。对这一现象的可能性解释是，一方面流动人口受教育水平相对较低，在就业中相对处于中等技能岗位中；另一方面，与数字化普及相比，使用数字化设备开展实际活动有利于高学历者在高技能岗位就业份额增加。表5-6 Part D 显示，与省内流动相比，数字化发展对跨省流动人口就业技能结构升级并没有显著的积极作用。这与我国流动人口流动范围也呈现出从跨省流动向省内流动的新趋势（曲玥等，2013）[①] 有一定关系。以上结果表明，数字化发展增加

---

① 根据《农民工监测调查报告》数据，流动范围呈现短距离化趋势，其中省内流动比例从2015年54.1%上升至2019年的56.9%，同期跨省流动比例从45.9%下降至43.1%。

了受教育流动人口在中等技能岗位的就业份额，但对跨省流动人口就业技能结构升级并没有显著的积极作用，而行业数字化有利于男性和非农户籍流动人口就业结构升级的总体格局。

表 5－6　　　　　　　　　异质性分析（2014～2018 年）

变量	y_{ijk}			y_{ijk}		
	（1）H	（2）M	（3）L	（4）H	（5）M	（6）L
与城市层次变量的交互效应	Part A：性别			Part B：户籍		
移动电话普及率	0.0001 *** (0.00001)	-0.0001 ** (0.00001)	0.00002 (0.00001)	0.0005 ** (0.00001)	-0.0003 *** (0.00002)	-0.0002 *** (0.00002)
互联网普及率	-0.0004 *** (0.0001)	0.0007 (0.0001)	-0.0003 *** (0.0001)	-0.0019 ** (0.0001)	0.0015 ** (0.0001)	0.0004 ** (0.0001)
treat	-0.0035 *** (0.0016)	0.0024 (0.0021)	-0.0013 (0.0019)	-0.0211 *** (0.0025)	-0.0007 (0.0032)	0.0217 *** (0.0028)
与行业层次变量的交互效应						
行业百人电脑量	0.0002 *** (0.00004)	-0.0004 *** (0.0001)	0.0001 *** (0.0001)	-0.0017 ** (0.0001)	0.0012 *** (0.0001)	0.0005 *** (0.0001)
行业企业电脑比	0.3872 *** (0.0116)	-0.3439 ** (0.0151)	-0.0435 *** (0.0133)	-0.0689 *** (0.0156)	0.3671 *** (0.0205)	-0.2966 *** (0.0179)
行业企业网络比	0.004 *** (0.0001)	-0.0008 *** (0.0002)	-0.0032 *** (0.0002)	0.0052 *** (0.0002)	-0.0017 *** (0.0003)	-0.0002 *** (0.00001)
行业企业使用网络开展活动比	-0.391 *** (0.0116)	0.3453 *** (0.0151)	0.0459 *** (0.0133)	0.0674 *** (0.0156)	-0.3666 *** (0.0205)	0.2977 *** (0.0179)
变量	y_{ijk}			y_{ijk}		
	（1）H	（2）M	（3）L	（4）H	（5）M	（6）L
与城市层次变量的交互效应	Part C：教育			Part D：流动范围		
移动电话普及率	0.0001 *** (0.0000)	-0.0001 *** (0.0000)	-0.0000 (0.0000)	-0.0000 *** (0.00001)	0.0002 *** (0.0000)	-0.0002 *** (0.00001)
互联网普及率	-0.0003 *** (0.0000)	0.0004 *** (0.00001)	-0.0001 *** (0.00001)	-0.0002 *** (0.0001)	-0.0007 *** (0.0001)	0.0005 *** (0.0001)

续表

变量	y_{ijk}			y_{ijk}		
	(1) H	(2) M	(3) L	(4) H	(5) M	(6) L
与城市层次变量的交互效应	Part C：教育			Part D：流动范围		
treat	0.0003 (0.0003)	0.0012 ** (0.0004)	− 0.0016 ** (0.0003)	− 0.0047 (0.0023)	0.0121 *** (0.003)	− 0.0075 ** (0.0027)
与行业层次变量的交互效应						
行业百人电脑量	− 0.0003 *** (0.0000)	0.0007 *** (0.00001)	− 0.0004 *** (0.0000)	0.00003 (0.0001)	0.0002 (0.0000)	− 0.0002 ** (0.0001)
行业使用电脑的企业占比	− 0.0582 *** (0.0019)	0.2326 *** (0.0029)	− 0.1746 *** (0.0022)	0.0276 (0.0164)	− 0.1628 *** (0.0211)	0.1338 *** (0.0188)
行业使用网络的企业占比	− 0.0001 *** (0.00002)	0.0001 *** (0.00003)	− 0.00001 (0.0000)	− 0.0012 *** (0.0002)	− 0.0019 *** (0.0003)	0.0031 *** (0.0002)
行业使用网络开展活动的企业占比	0.0591 *** (0.0019)	− 0.2311 *** (0.0029)	0.1743 *** (0.0022)	− 0.0274 (0.0164)	0.1641 *** (0.0211)	− 0.1354 *** (0.0188)

六、小结与启示

随着数字经济发展，流动人口就业岗位技能结构呈现单一方向、不同程度向上极化的特征。多层线性模型结果表明，（1）人力资本和数字经济发展是促进流动人口就业技能结构向上极化的重要原因，数字经济发展对就业技能结构向上极化的促进作用超过1/3，并且行业数字化效应大于城市数字化效应。（2）行业电脑使用量提高和网络信息设施普及显著促进就业技能结构向上极化，城市信息设施普及的作用并不显著，而"宽带中国"政策实施则促进试点城市就业技能结构两极化。（3）数字经济发展中，男性、非农户口，以及国有就业均有利于高技能就业提升，而跨省流动抑制了中等和高等技能就业，反映出数字经济发展中，流动人口技能结构变化的性别差异、"户籍分割"和"所有制分割"的特点。

（4）数字经济发展增加了受教育流动人口在中等技能岗位的就业份额，但对跨省流动人口就业技能结构升级并没有显著的积极作用，行业数字化增加了男性和非农户籍流动人口在高等技能岗位的就业份额。

本书不仅丰富了技术进步中就业技能结构变化的经验研究，也拓展了技术进步对移民就业影响的解释，有助于数字经济中更高质量和更公平的劳动力市场建设。我国数字经济发展中，优化流动人口就业技能结构，提高就业质量，不仅需要不断加强教育投入，也需要进一步完善相关政策。包括：一是促进数字经济高质量发展，充分创造向上极化的就业需求。二是强化工会教育培训职能，建立参照行业数字化程度进行行业教育培训的办法和经费支出条例，保障劳动者在职技能提升。三是精准地区教育培训服务。围绕建设网络强国、数字中国建设的进度，分批次建立技能培训的试点地区，保障劳动者就业技能满足地区数字化进程需求。四是全面的户籍制度放开、更平衡的区域发展、消除劳动力市场制度分割和性别歧视，促进流动人口就业向上极化。

第六章

人力资本对新就业形态
劳动者权益的影响

一、我国新就业形态劳动者人力资本的特征事实

新经济派生高技能劳动力需求。随着技术进步，企业采取新生产方式，市场得以扩张，派生出更多的高技能劳动力需求。国际劳工组织（2021）数据显示，网络平台上的劳动力通常受过高等教育，发达国家这一比例为 61%，发展中国家为 73%。并且新就业形态中劳动者的高等教育比例高于传统就业方式，其中基于应用程序的出租车司机和快递员受高等教育比例的情况男性是 24% 和 20%，女性是 42% 和 29%。相比而言，基于传统就业方式的为 12% 和 4%。[①] 由于数据的可得性，本章将结合国家统计局人口普查数据、流动人口监测数据及平台企业调研数据进行分析，为研究进行支撑。

（一）人力资本供给侧变化[②]

据国家统计局数据，2021 年末全国人口 141260 万人，比上年末增加

---

① 国际劳工组织发布《2021 年世界就业和社会展望》：数字化劳动力平台迅猛发展 需要进行国际政策对话和合作［EB/OL］. 联合国经济发展，2021 - 02 - 24.
② 资料来源：国家统计局网站。

48 万人。从年龄构成看，16～59 岁的劳动年龄人口 88222 万人，占全国人口的比重为 62.5%；60 岁及以上人口 26736 万人，占全国人口的 18.9%，其中 65 岁及以上人口 20056 万人，占全国人口的 14.2%。

与 2010 年第六次全国人口普查相比（见图 6-1），全国人口中 15 岁及以上人口的平均受教育年限由 9.08 年提高至 9.91 年。全国 31 个省份中，平均受教育年限在 10 年以上的有 13 个，在 9～10 年间的省份有 14 个，在 9 年以下的省份有 4 个。存量方面，根据 2020 年第七次全国人口普查，我国初中、高中（含中专）、大专及以上文化程度的人口占比分别为 33.7%、14.8%、15.1%。2008～2020 年，我国高技能劳动力就业占比从 6.63% 增长到 22.8%，中等技能劳动力就业占比从 12.47% 增长至 18.38%。低技能劳动力就业占比从 80.85% 下降至 58.5%。增量方面，随着高等教育扩张，1999～2022 年进入劳动力市场的高等教育毕业生由 84.8 万人增加到 1076 万人，新增劳动力教育程度由初中毕业生为主演变为以高等教育毕业生为主。

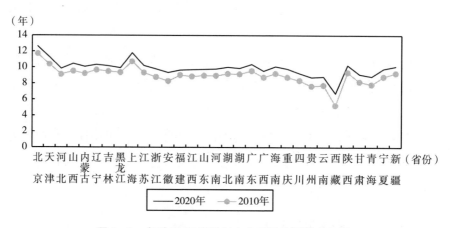

图 6-1　各地区 15 岁及以上人口平均受教育年限

（二）数字经济对人力资本的需求变化

平台经济、共享经济、众包、众创等新业态新模式的快速发展，引发就业深刻变革，除了产生传统的雇佣型就业外，还催生了自主创业、自由职业、兼职就业等灵活就业新模式。人力资源社会保障部的数据显示新就业规模呈现快速扩大趋势，灵活就业从业人员规模达 2 亿人左右，约占全国总人口的 1/7，其中 7800 万人的就业方式是依托互联网的新就业形态。根据 2020 年第七次全国人口普查，按照工作单位或生产经营活动所属类型划分，全国自由职业和灵活就业人数为 17.79 万人，占各类就业比重 27.09%；个体经营户 10.53 万人，占各类就业比重 16.04%。城镇自由职业和灵活就业人数为 9.86 万人，占各类就业比重 24.07%；个体经营户 7.74 万人，占各类就业比重 18.9%。

中国信通研究院测算数据显示，2007 年中国数字经济占 GDP 比重为 14.7%，吸纳就业人数 4411 万人。十几年来，数字经济继续保持规模化高速扩张态势。2018 年数字经济占 GDP 比重为 34.8%，数字经济领域就业岗位为 1.91 亿个，占当年总就业人数的 24.6%。波士顿国际咨询机构（BCG）预测，2035 年中国整体数字经济规模接近 16 万亿美元，总就业容量达 4.15 亿人。中国信通研究院测算数据显示（见图 6 - 2），2007 年中国数字经济占 GDP 比重为 14.7%，吸纳就业人数 4411 万人。十几年来，数字经济继续保持规模化高速扩张态势。2018 年数字经济规模达到 31.3 万亿元，按可比口径计算，名义增长 20.9%，占 GDP 比重为 34.8%，数字经济领域就业岗位为 1.91 亿个，占当年总就业人数的 24.6%，同比增长 11.5%，显著高于同期全国总就业规模增速。波士顿国际咨询机构（BCG）预测，2035 年中国整体数字经济规模接近 16 万亿美元，数字经济渗透率 48%，总就业容量达 4.15 亿人。新就业形态既推动传统就业升级，也带来新增就业。初步统计结果显示，新就业中每 100 就业人口，72 个为升级原有就业，28 个为新增就业岗位。[1]

---

[1] 资料来源：波士顿国际咨询集团（BCG）、《数字经济下的就业与人才研究报告（迈向2035：4 亿数字经济就业的未来）》。

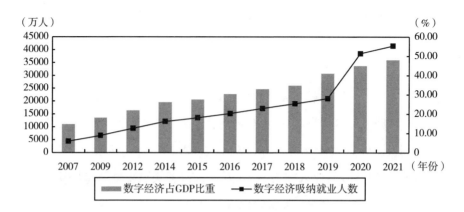

图6-2 2007~2021年数字经济发展与就业吸纳人数

资料来源：（1）中国信通研究院《2015中国信息经济研究报告》《中国数字经济发展白皮书》（2017年）、《中国数字经济发展与就业白皮书》（2018年、2019年）；（2）中国信息化百人会《2016中国信息经济发展报告》。

（三）新就业形态人力资本水平变化

根据2020年第七次全国人口普查数据（见图6-3），全国各类工作单位或生产经营活动人口中，自由职业和灵活就业劳动者平均受教育年限接近全国劳动者平均水平，全国为9.34年，城镇为9.9年；个体经营户劳动者平均受教育年限高于灵活就业者，全国为10.21年，城镇为

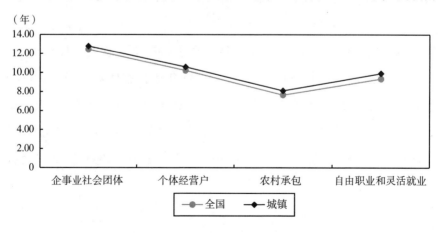

图6-3 各工作类型平均受教育年限

资料来源：2020年第七次全国人口普查微观数据。

10.58年；企业、事业、机关或社会团体等法人单位劳动者平均受教育年限最高，全国为12.43年，城镇为12.78年。所有就业类型中仅有农村承包劳动者平均受教育年限低于9年，全国为7.56年，城镇为8.09年。无论哪种就业方式，城镇劳动者平均受教育水平均高于全国水平。

根据世界银行数据，目前欧洲各国灵活就业的劳动者中受过高等教育的比例在1/4～1/3，中国这一比例为34.8%，美国为48%。根据2020年第七次全国人口普查数据（见图6-4），目前我国自由职业和灵活就业中受过高等教育比例为10%左右，其中全国这一比例为8.69%，城镇为12.66%；个体经营户中受过高等教育比例为15%左右，其中全国这一比例为14.72%，城镇为18.19%；企业、事业、机关或社会团体等法人单位就业劳动者高等教育比例为45%左右，其中全国44.78%，城镇49.84%。第七次人口普查数据显示的灵活就业劳动者高等教育比例不仅远低于世界银行公布数据，也远低于企业、事业、机关或社会团体等法人单位就业劳动者高等教育比例。

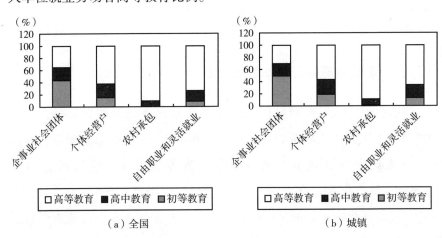

图6-4 各工作类型教育结构比重

资料来源：2020年第七次全国人口普查微观数据。

根据我国流动人口监测数据发现：零工群体在高学历中偏低，在低学历中偏高的特征。如图6-5所示，在初中及以下受教育阶段，零工群体比例高于全体流动人口就业样本和全国就业样本，在高中及以上受教育阶段，零工群体比例低于全体流动人口就业样本和全国就业样本。2017 年流动人口零工群体未上过小学的比例为 4.71%，小学比例为 28.75%，初中比例为 49.99%，高中及中专比例为 12.14%，大学专科比例为 3.16%，大学本科学历为 1.15%，研究生学历比例为 0.1%。

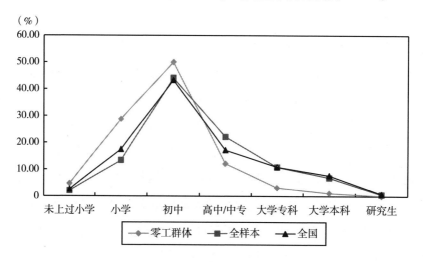

图 6 - 5　就业受教育水平特征
资料来源：全国流动人口卫生计生动态监测调查 2017 年数据，以及国家统计局数据。

（四）新就业群体行业差异及特征

当前我国自由职业和灵活就业行业分布存在较为明显特征，根据 2020 年第七次全国人口普查数据（见图 6 - 6）：首先，自由职业和灵活就业行业集中在建筑业、制造业和批发零售行业，建筑行业占比 28.24%，制造业占比 13.99%，批发零售行业占比 13.93%。其次，自由职业和灵活就业行业分布存在性别差异，尤其在就业集中行业表现较为明显，其中男性就业比例超过女性的行业为建筑业、交通运输、仓储和邮政业。男性就业于建筑行业比例为 37.27%，女性为 11.42%；男性就业于交通运输、仓储和邮政业的比例为 11.17%，女性为 2.19%；而批发和零售业则呈现相反的特征，男性就业于该行业比例为 10.05%，女性则为 21.15%。

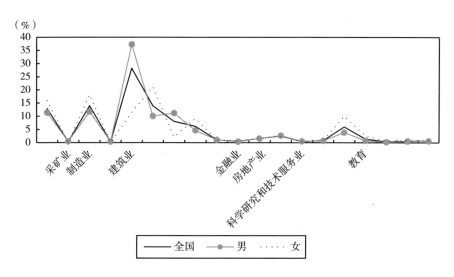

图 6 - 6　自由职业和灵活就业行业分布差异
资料来源：2020 年第七次全国人口普查微观数据。

移动出行行业 2016 年中国的网络平台专职司机中，55.1% 为高中教育程度，20.7% 为高等教育程度；兼职司机中，43% 为高中教育程度，44.8% 为高等教育程度，比例也大大高于全国就业人口相应比例（纪雯雯，2017）。根据 2016 年小猪短租共享住宿平台上部分非正规就业者和国家信息中心分享经济研究中心，中国共享住宿住宿发展度报告（2019）相关数据，共享住宿平台非正规就业者的技能结构，本科阶段占比最高，为 49.70%，其次占比从高到低依次是大专 22.60%、硕士及以上 19%、高中及以下 8.70%。这些"80 后""90 后"群体是伴随着互联网的发展成长起来的新个体，互联网思维较为深化，更愿意接受新鲜事物，对互联网更有信赖感。他们大部分具有高学历、高创造力，往往能敏锐地通过互联网触头去发现商机，寻找就业机会。

（五）创业就业群体受教育程度较高

根据国务院信息，当前创业带动就业作用突出，2021 年第一季度全国新设个体工商户同比增长 55.2%，针对青年创业的调查显示大专及以上学历的创业者总占比达到86.1%，创业就业群体受教育程度较高①。根据2021年中国青年创业发展报告，青年创业群体中大专及以上学历占比达到86.1%，在科技创业板上市的信息技术企业占比为40%，创业带动就业潜力巨大②。

二、人力资本对劳动者权益的影响的历史与现状

从历史分析和现状表现两个维度而言，历次工业革命中，伴随技术进步和技能偏向类型，劳动者权益都在劳（人力资本）与资（物质资本）之间的螺旋式替代中发生变化。

（一）历史分析

第一次工业革命时期，技术和物质资本替代了原有手工业者具备的技能。随着技术进步与人力资本互补关系的增强，技术进步总是有利于高技能劳动力，而相对不利于低技能劳动力，因此加剧了低技能劳动力与雇主之间的紧张关系。第二次工业革命，技能偏向型技术进步使得高技能劳动力替代了原先低技能劳动力与资本之间的互补关系，由此引起新技术应用下被淘汰的劳动力（低技能劳动力）与雇主之间的利益纠纷越来越多。人力资本深化推动的技术进步，提升了高技能劳动力的议价能力，从而降低了这部分劳动力对工会组织和工人运动的依赖。第三次工业革命，普及高等教育是劳资冲突缓和与转型的阶段，人力资本促进了技能偏向型技术进步，提升了劳动者的议价能力，使得技能型劳动力在劳资关系中处于更有利的位置，从而推动劳动关系趋于缓和转型。对比经济合作与发展组织（OECD）国家20世纪70年代以来的数据（见

---

① 支持小微企业和个体工商户发展国务院政策例行吹风会今日举行［EB/OL］. 国务院新闻办公室网站 工信微报，2021－06－01.
② 资料来源：作者根据2021年中国青年创业发展报告数据整理。

图 6 - 7）可以发现，OECD 国家在高等教育入学率不断提升的同时，工会化率不断下降。"去工会化"进程中，有两点值得我们关注。首先，新进入劳动力市场的青年人口，受教育程度非常高。而那些接受了高等教育的青年劳动力，更倾向于进入那些工会化率比较低或不存在工会的部门工作。其次，不断有工会成员选择退出工会。在这两大趋势的推动下，工会化率不断降低。由此推断，在人力资本深化的第一阶段和第二阶段，劳动关系会不断加剧；在人力资本深化的第三阶段，劳动关系会不断缓和。第四次工业革命，当前数字经济对劳动者权益的影响同时体现在劳动与资本之间的关系，以及不同结构劳动者之间的关系中，当前尤其关注对新就业群体劳动权益的影响。

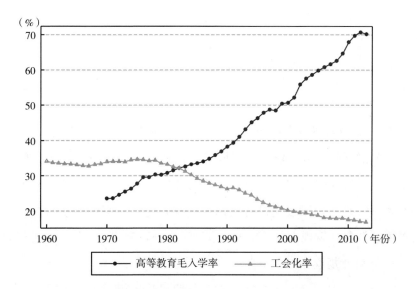

图 6 - 7 OECD 高等教育毛入学率 vs 工会化率：1960～2010 年

（二）现状表现

1. 人力资本对我国就业工资议价力不足

国际一般月最低工资标准相当于月均工资的 40%～60%[①]，根据我国

[①] 资料来源：《全球工资报告 2008－2009》。

当前各地最低工资标准测算，我国最低工资不仅低于国际平均水平，也低于发展中国家的平均水平。根据国际劳工组织（ILO）的研究，2004～2007年，全球最低工资占平均工资的比重为39%，其中发达国家为39%，发展中国家为40%（见表6-1）。较低的最低工资指导造成"粘地板效应"，为一些企业的低工资提供了便利。新就业形态为劳动者提供了灵活的就业方式，也带了灵活的工资。在我国人力资本工资议价能力不足和灵活的工资制度下，新就业形态中劳动者经济权益难以得到保护。

表6-1 最低工资占平均工资比重的国际比较

类别	2004～2020年最低工资占平均工资比重（%）
发达国家	39
发展中国家	40
中国（2012年）	21.7～28.8
中国（2022年）	15.62～34.17（平均25.98）

资料来源：《全球工资报告2008-2009》，以及中国各省份公布数据测算。

2. 人力资本投资有利于维护部分新型就业岗位劳动者权益

广义的新就业包括依托互联网等现代技术形成的新型就业岗位。为了更好地了解我国新型就业岗位的劳动者权益保障，作者对途家在线信息技术（北京）有限公司进行了以半结构式访谈为主，问卷调查分析为辅的电话调研，发现人力资本投资有利于维护新型就业岗位劳动者权益。

（1）就业规模相对稳定。

2016年6月，途家民宿宣布战略并购蚂蚁短租，进一步强化了住宿分享市场的领导企业优势。2016年10月，途家宣布战略并购携程、去哪儿公寓民宿业务。2018年1月，大鱼自助游加入途家，正式形成"携程民宿、去哪儿民宿、途家、蚂蚁短租、大鱼自助游的民宿短租入口"五大平台的矩阵，形成新途家集团。这使得途家集团的员工数量发生了较大增长，达1800人左右。到新冠疫情暴发前，途家的发展保持相对稳定，员工数量也保持相应规模，正规就业规模相对稳定。

（2）人才队伍建设体系较为完善。

在就业人才学历构成方面，途家员工大多数为本科学历。比较特殊的：一是占据公司人数 1/4 的互联网技术岗位，均是硕士学历；二是客服岗位，基本是专科学历。目前没有拥有博士学历的员工。总结来看，学历层次与岗位要求直接相关。在正规就业人才的国际化程度方面，途家的国际型人才主要集中在海外事业部，其中 60% 以上都是具有海外学习经历的国内人才，受教育水平达到硕士及以上。在正规就业人才的在职培训方面，途家公司一方面组建了途家大学，邀请社会上相关领域的专家和知名人士来授课。另一方面开展的既有定期的专项培训，也有职业经理人和 HR 等内容培训。途家公司在职培训具有普惠成长的特征，培训人员的选择与级别不挂钩，与内容和目的挂钩。

三、人力资本对新就业形态劳动权益的影响

第一次工业革命时期，英国曾出现劳资冲突上升、劳动关系恶化等情况。统计表明，1741～1760 年，英国劳资冲突达到 57 起，此后到 1780 年的 20 年间猛增到 113 起，而 1781～1800 年的 20 年间上升到 153 起[①]。随着英国工业生产能力逐渐达到巅峰，以及各行业全国性工会联合会先后成立，工人在与雇主进行讨价还价过程中的地位也不断改善，为劳资关系缓和创造了良好的环境。技能型工人开始要求降低工作时间强度，实行每日 9 小时工作制，每周的工作时间从 59 小时缩短至 54 小时，工资也得到了提升[②]。1929 年全球经济危机时期，美国失业人员达到 1700 多万[③]，实施罗斯福新政（The New Deal）的第一项措施就是稳就业。一方面扩大新增就业，启动以工代赈的基建工程，争取中小企业支持，以此带动新增就业；另一方面保障已就业岗位，采取《公平劳动标准法》（又

---

①②③　刘金源.《反结社法》与英国工业化时期的劳资关系［J］. 世界历史，2009（4）.

称《工资工时法》），它的主要条款包括每周 40 小时工时，每小时 40 美分最低工资，以此保障工资劳动者的经济利益。在一系列措施的有效实施下，美国经济开始缓慢恢复，人民生活得到改善。为此，本章以工作时间为切入点，研究人力资本对劳动权益的影响。

（一）劳动者权益：来自工作时间的变化

工作时间是劳动者为了履行劳动合同义务，在法律规定的限度内，在用人单位从事工作或者生产的时间。一方面，雇员按照劳动合同规定，完成雇主所安排的工作；另一方面，雇主有权给雇员指派任务，并遵照法规，保证劳动合同中所确定的工作条件。根据第七次全国人口普查微观数据统计结果[①]，全国平均周工时为 43.7 小时，城镇平均周工时为 45.6 小时，说明我国城镇就业人员工作时间基本符合《中华人民共和国劳动法》规定的 44 小时的标准，但明显超过了 1995 年颁布的《国务院关于修改〈国务院关于职工工作时间的规定〉的决定》中每周工作 40 小时的标准。

根据第五次全国人口普查资料统计整理的结果显示[②]，如果以每天 8 小时计算，53.8% 的员工每周工作时间在 40 小时以上。而第七次全国人口普查结果显示，全国 79.9% 的就业人员每周工作时间在 40 小时以上，47.72% 的就业人员每周工作时间在 44 小时以上，说明我国就业人员工作时间普遍有所延长。从各类工作单位或生产经营活动来看，各类工作方式均存在不同比例的过度劳动现象（见图 6-8）。在企业、事业、机关或社会团体等法人单位就业过劳比例最高（周工时超 40 小时的比例为 46.7%），但比例随着过度劳动时间延长而递减（周工时超 45 小时的比例为 39.8%）；自由职业和灵活就业的过劳比例次之（周工时超 40 小时

---

① 第七次全国人口普查公报（第一号）[EB/OL]. 国家统计局，2021-05-11；第七次全国人口普查公报（第二号）[EB/OL]. 国家统计局，2021-05-11.

② 2000 年第五次全国人口普查主要数据公报 [EB/OL]. 中国政府网，2021-03-28.

的比例为 25.36%)，并且该比例随着过度劳动时间延长而递增（周工时超 45 小时的比例为 28.39%)；个体经营户周工时超 40 小时的比例排第三，为 21.24%，并且随着过度劳动时间延长，周工时超 45 小时的比例增加值 24.32%。

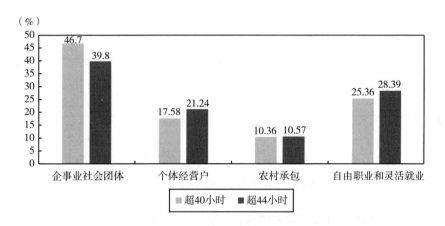

图 6 - 8　各类工作方式超过标准工时的比例

（二）人力资本影响工作时间的实证分析

1. 教育水平差异与工作时间的变化

根据本章的研究范畴和研究重点，本书主要从劳动者受教育水平分析人力资本对劳动者工作时间的影响。如图 6 - 9 所示，横轴表示各类就业的工作时间，纵轴表示劳动者受教育水平。对于相对传统正规的就业［见图 6 - 9（a）］，在企业、事业、机关或社会团体等法人单位就业，伴随劳动者受教育水平提高，工作时间呈现两次变化：第一次是在 6 年受教育水平处呈现工作时间拐点，第二次是在 19 年受教育水平处呈现工作时间拐点。对于相对新就业［见图 6 - 9（b）］，在自由职业和灵活就业中，伴随劳动者受教育水平提高，工作时间呈现两次变化：第一次是在 12 年受教育水平处呈现工作时间拐点，第二次是在 19 年受教育水平处呈现工作时间拐点。在我国，如果高学历主要适合高收入联系在一起的话，那么可以看出：在传统正规就业中，低学历劳动者相对可以获得较为稳定的收入；而在自由职业和灵活就业中，低学历劳动者工作更长时间则是获得"体面"收入的重要途径。

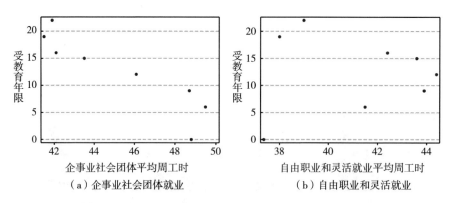

图6-9　受教育年限与平均周工时变化

2. 教育水平对工作时间的实证分析

根据第七次全国人口普查数据实证分析教育水平对劳动者工作时间的影响，相关变量如表6-2所示，各类就业劳动者平均周工时为43.7小时，59.35%的劳动者为男性，37.34%的劳动者为城镇户籍，已婚比例高达80.46%，平均受教育年限为10.4年，达到初中受教育水平，劳动者平均年龄为42.1岁，灵活就业比例为27.09%。

表6-2　　　　　　　　　　　　描述性统计

变量	定义	观测值	均值	标准差
被解释变量				
周工时	一周工作时间	636047	43.7	15.4
解释变量				
性别	男性 =1，女性 =0	636047	59.35%	40.65%
户口	城镇 =1，农村 =0	636047	37.34%	62.66%
婚姻	已婚 =1，未婚 =0	636047	80.46%	19.54%
受教育水平（年）	受教育水平对应年限	636047	10.4	3.5
年龄		636047	42.1	12.6
新就业	自由职业和灵活就业 =1，其他 =0	636047	27.09%	72.91%

采用最小二乘法回归法，教育水平影响工作时间的实证分析结果如表6-3所示，列（1）是考虑所有就业方式条件下结果，随着劳动者受教育水平的提升，劳动者工作时间并未显著提升，产生这一结果主要是样本中传统正规就业比例高达40%，正规就业中工作时间相对比较稳定，因此人力资本存在失灵现象。男性相对工作时间较长，镇户籍工作时间略高于农村户籍，已婚劳动者工作时间高于未婚劳动者，年龄与工作时间呈现负相关。列（2）是考虑新就业条件下的结果，随着劳动者受教育水平的提升，劳动者工作时间显著提升。男性相对工作时间较长，但小于正规就业中工作时间的性别影响，镇户籍工作时间略高于农村户籍，已婚劳动者工作时间高于未婚劳动者，年龄与工作时间呈现负相关，相对于其他就业方式自由职业和灵活就业与工作时间正相关。以上结果反映出：（1）正规就业中稳定的劳动关系降低了人力资本的相对影响，"过紧"地维护了劳动者权益。（2）新就业形态中一定的人力资本是获取就业机会的保障，但存在一定的过劳现象，劳动权益难以得到保障。（3）相对于传统正规就业，新就业的灵活性降低了工作中的性别差异，男女工作时间趋于一致。（4）无论哪种就业方式，劳动者年龄越低，工作时间越长。

表6-3　　　　　　　　　　　回归结果

周工时对数	(1)	(2)
	所有就业方式	新就业
受教育水平	-0.003*** (0.0002)	0.006*** (0.0003)
性别	0.696*** (0.001)	0.075*** (0.002)
户口	0.008*** (0.001)	0.017*** (0.002)
婚姻	0.072*** (0.002)	0.072*** (0.002)

续表

周工时对数	(1)	(2)
	所有就业方式	新就业
年龄	−0.006*** (0.0005)	−0.007*** (0.0001)
就业方式	−0.053*** (0.006)	
新就业		0.006*** (0.002)
常数项	3.992*** (0.005)	3.763*** (0.005)
R^2	0.0394	0.0325
观测值	636047	533011

注: *** 、 ** 、 * 分别表示在 1% 、5% 、10% 的水平上显著；括号内为稳健标准误。

（三） 新就业形态中劳动者权益保障的其他问题

2019 年新冠疫情突如其来，"新就业形态"脱颖而出。2020 年 5 月习近平总书记在全国政协经济界联组会上指出"新就业形态领域当前最突出的就是新就业形态劳动者法律保障问题等。"[1] 要及时跟上研究，把法律短板及时补齐，在变化中不断完善。新就业形态中劳动者权益保障的其他问题主要包括以下几点。

1. 社会保险缺失问题

现有社会保险制度是以传统劳动关系为基础设计和建立起来的，对新就业形态劳动者的社会保险覆盖率较低，相应的社会风险不断累积。灵活就业者无论人力资本高低，均被视为"独立承包商"，既不为平台企业的福利计划所覆盖，也不享有受法律保护的加入工会或集体谈判的权利。

2. 职工培训保障缺失问题

新就业形态就业的高技能劳动力以青年群体为主，通过"碎片化"

---

① 中华全国总工会有关负责人就《关于切实维护新就业形态劳动者劳动保障权益的意见》答记者问 [EB/OL]. 工人日报, 2021 – 07 – 20.

任务完成获取收入，不享有职业教育培训、岗位技能培训、职业技能竞赛等职工培训保障，技能和预期的发展权益受到损害，影响人力资本的持续提升。

3. 青年农民工人力资本短板问题

新冠疫情期间，这种平台经济对于解决我国青年就业尤其是农民工的就业发挥了巨大的作用，但是平台提供的新就业也是一个双刃剑。其中对于劳动者权益保护的一个挑战就是人力资本短板问题，因为平台新就业无法形成在职人力资本的积累，如送外卖、快递、搞物流等，只是一个赚钱（手段），并不会随着工作经验的积累而提升技能水平。对比制造业就业而言，从初级工人到高级技术工人不断地成长，有利于专用性人力资本积累。

四、技术进步对劳动者权益的影响

本章拟采用皮尔逊相关系数（Pearson correlation coefficient），借助世界银行（2016）衡量数字技术普及程度的指标，以及《经济普查年鉴》中地区和行业数字化程度数据，分析数字技术普及与劳动者权益相关指标之间的相关性。虽然这一方法并不能得出因果性结论，但有助于我们把握相关趋势，提升新就业形态劳动者权益保障。

（一）行业层面

我国的劳动标准正在从生存型向质量型转变，平衡工作和生活、就业发展以及消除就业歧视成为目标诉求。通过分析数字化发展指标与劳动者权益指标之间的相关性，可以为未来构建新时代和谐劳动关系有所启示。本章借助世界银行衡量数字鸿沟采用的指标，行业层面选取每百万人拥有电脑数代表数字化程度；选取行业就业占比，女性就业占比代表就业指标；选取每周工作时间，人均月工资代表劳动关系指标（纪雯雯等，2019）。结果如图 6 - 10 示，随着各行各业人均数字化程度越高，人们的就业未被毁灭，反而工作时间将会缩短，并且收入上升。这无疑从另一个方面证明了科技向善，未来数字经济将带来更加多元化的就业形态和更高的就业质量。本章随后又将"每百万人拥有电脑数"指标换成"在人力资源管理方面使用信息化管理的企业占使用信息化管理企业比重"，以及"员工培训占使用互联网企业的比重"，代表企业数字化程度，结果保持一致，人力资源管理信息化与周工时负相关，员工培训比例与周工时负相关，并且在 10% 的水平上显著。也就是说企业人力资源管理信息化和培训有利于降低工作时间。

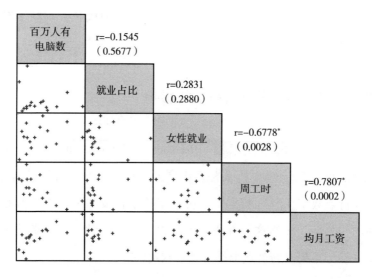

图 6 - 10　行业数字化程度与劳动者权益的皮尔逊相关系数矩阵的散点图矩阵
注：＊表示 t 值在 10% 的水平上显著。
资料来源：1.《中国劳动统计年鉴》；2.《中国经济普查年鉴》。

（二）地区层面

地区层面选取电子商务交易额代表数字经济发展程度；选取地区就业人数，女性就业占比代表就业指标；选取基层工会组织数和年度工会劳动争议调解委员会受理劳动争议件数代表工会服务和劳动关系指标。

皮尔逊相关系数分析结果如图6-11所示，数字经济发展与地区经济发展和就业人数呈现出显著的正向相关关系，这也与经济逻辑保持稳健的一致性。在工会服务和劳动关系方面，数字经济发展与工会服务呈现显著正相关，这与中华全国总工会大力推行"互联网＋"工会服务成效一致。与此同时，结果也显示，数字经济发展与女性就业负相关，与劳动争议数显著负相关，这些无疑是未来提升"十四五"时期劳动者权益保护的重点工作方向。

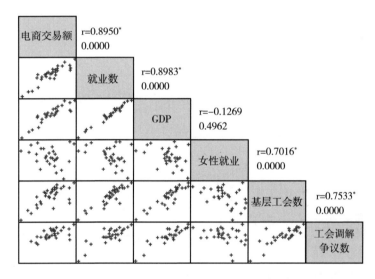

图6-11 地区数字化程度与劳动者权益的皮尔逊相关系数矩阵的散点图矩阵

注：＊表示t值在10％的水平上显著。

资料来源：1.《中国劳动统计年鉴》；2.《中国经济普查年鉴》。

五、小结与启示

政府连续五年对新就业形态发展及未来趋势进行政策调控。2016年以新就业形态作为产业结构转型过程中的劳动力"蓄水池"，以此进行就业指导。2017年以新就业形态作为创业带动就业的方式，以包容审慎的态度进行管理。2018年以新就业形态作为增量就业促进的渠道，以调节手段进行放松管理。2019年以"互联网＋"推动行业转型发展，继而促进新就业涌现。在 2020 年新冠疫情防控过程中，新就业形态脱颖而出，顺势成为就业的稳定器，并出台国家级领军人才认定政策，以"各显其能，各得其所"打通各行业各类人才的晋升通道。未来提升新就业形态劳动者权益不仅在于完善法律保障，还要在就业优先的战略中以不断提升劳动者人力资本水平，通过技术与人才的互补效应，进一步优化就业结构，实现高质量发展。根据相对就业技能需求，对教育与培训之间的配置，各级各类教育的供给结构提出优化路径，把健全的人力资本积累体现作为保障劳动者权益的长效机制。

第七章

数字经济发展中青少年就业新特征：以北京地区为例

一、青少年就业问题的重要性

2017 年 4 月，中共中央、国务院印发了《中长期青年发展规划(2016—2025 年)》。这是新中国历史上首个青年发展规划，从党和国家全局的高度，提出了一系列保障青年发展的政策措施和工作机制。其中明确提出"党和国家事业要发展，青年首先要发展"，充分体现了青年优先发展的理念，聚焦思想道德、教育、健康、婚恋、就业创业等 10 个领域，分别提出具体发展目标和举措，同时提出落实规划的一系列重点项目。中长期青年发展规划的出台，将青年发展工作全面纳入党治国理政的各项工作之中，进一步强化了青年发展政策的全局性、互补性、协调性，是党的青年工作领域一件具有里程碑意义的大事，标志着我国青年发展事业进入历史新阶段。

从供给侧而言，青少年是一个国家未来的希望，也是一个国家发展的基础。根据"国际青年发展指数"评估，中国从 2010 年的第 36 位上升至 2021 年的第 23 位[①]，呈现稳步上升趋势，反映了党和政府始终关心

---

① 《国际青年发展指数报告2021》发布［EB/OL］. 人民网－人民日报，2021－12－21.

青少年成长、重视青少年发展的成效。尤其是"教育与文化"分项指标，中国排名呈稳步上升趋势，"预期受教育年限"绝对值逐年增长，"高等教育毛入学率"排名稳中有升。

从需求侧而言，当前我国经济正处于转型结构升级时期，经济高质量发展对青少年素质提出了更高的要求。与此同时，第四次工业革命以来新技术不断地发展，智能化的水平不断地提高，我国已经成为世界上机器人使用密度最高的一个国家，首都更是将数字经济作为推动经济高质量发展的重要引擎，未来产业发展需要与之相适应的新型劳动者和更加多元的劳动价值观。2020年，《中共中央　国务院关于全面加强新时代大中小学劳动教育的意见》，提出要构建德智体美劳全面发展的教育体系，并明确学校劳动教育的重要意义和实施途径。

结合《中长期青年发展规划（2016—2025年）》有关部署，坚持党管青年原则，立足首都城市战略定位，围绕《北京市国民经济和社会发展第十四个五年规划和2035年远景目标纲要》基本要求，以首善标准促进青少年全面发展，为深入实施《北京市"十四五"时期青少年事业发展规划》，加强青少年发展和青少年工作研究。

青年是国家经济社会发展的生力军，青年是常为新的，最具创新热情，最具创新动力。党和人民事业发展离不开一代又一代有志青年的拼搏奉献。为了深入学习贯彻习近平庆祝中国共产主义青年团成立100周年的系列重要讲话，更好落实习近平总书记指引新时代青年工作，牢牢把握首都城市战略定位，引导首都青年积极劳动参与，促进青少年成长成才，本章计划根据第七次全国人口普查数据，聚焦研究新时代北京青少年高质量发展的新特征、新问题和新趋势。以便认识、了解北京青年群体呈现出的新特征、新问题与新趋势，从而更好地服务青年的紧迫需求，促进青年全面发展，进而为北京社会、经济、文化发展贡献力量。同时，更好地发挥研究院在政府制定青少年事务与政策咨询决策时的智力与责任担当。

二、数字经济发展中北京青少年发展变化的总体特征

不同机构或组织对青年的定义有所不同，学术界和政府工作中，对青年"年龄"的界定没有统一的认识。按照我国《中国共产主义青年团章程》规定，共青团团员年龄下限为 14 岁，上限为 28 岁，即共青团对青年年龄的界定标准为 14～28 周岁；国际劳工组织和联合国教科文组织将 15～24 周岁的人定义为青年；国家统计局对青年的统计口径是 15～34 周岁。为了便于与国家宏观数据进行比较，本研究在遵循各个机构或组织青年界定标准的基础上，为了更好地对标我国统计局口径，以较宽口径标准关注北京 15～34 周岁青少年的人力资本发展变化的新特征、新趋势和新问题。

（一）青少年规模呈现下降趋势

2010 年全国 15～34 岁青少年规模为 151424850 人，青少年占人口比重为 37.5%，占劳动年龄人口（15～59 岁）[①] 比重为 49.15%。北京市青少年规模为 6481947 人，青少年占人口比重为 41.65%，占劳动年龄人口比重为 52.53%。2020 年全国青少年规模为 175403645 人，青少年占人口比重为 30.5%，比 2010 年下降 7%；青少年占劳动年龄人口比重为 44.34%，比 2010 年下降 4.81%。2020 年北京市青少年规模为 5249278 人，占人口比重为 29.59%，比 2010 年下降 12.06%；青少年占劳动年龄人口比重为 43.17%，比 2010 年下降 9.36%。[②] 如图 7-1 所示，对比而言新时期北京青少年规模呈现下降趋势，并且高于全国青少年群体下降程度。

---

① 我国统计局对就业人口统计起始年龄为 16 岁，退休年龄为 60 岁，目前已经取消劳动年龄上限。为了对标普查数据统计口径，本书采用 15～59 岁为劳动年龄人口。

② 资料来源：国家统计局网站。

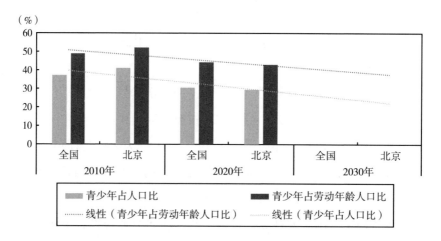

图 7 - 1　2010～2020 年青少年人口及其变化趋势

资料来源：第六次全国人口普查、第七次全国人口普查。

（二）30～34 岁年龄段占比最高

根据第七次全国人口普查数据，如图 7 - 2 所示，15～19 岁青少年人口数为 537402 人，为北京青少年人口贡献率为 10.24%，为北京劳动年龄人口贡献 4.42%；20～24 岁青少年人口数为 1119524 人，为北京青少年人口贡献率为 21.33%，为北京劳动年龄人口贡献 9.21%；25～29 岁青少年人口数为 1576537 人，为北京青少年人口贡献率为 30.03%，为北京劳动年龄人口贡献 12.97%；30～34 岁青少年人口数为 2015815 人，为北京青少年人口贡献率为 39%，为北京劳动年龄人口贡献 16.58%。

对比而言，北京市 30～34 岁青年群体是青少年的主力军，高于全国同龄群体占青少年比重 5%。而北京市 15～19 岁青少年低于全国同龄群体占青少年比重 9%。从青少年占劳动年龄人口来看，北京市 15～19 岁青少年占劳动年龄人口比重低于全国水平 4%，而北京市 30～34 岁青年人口占劳动年龄人口比重高于全国水平 2%①。

---

① 2010 年第六次全国人口普查主要数据公报（第 1 号）国家统计局［EB/OL］. 国家统计局，2011 - 04 - 28.

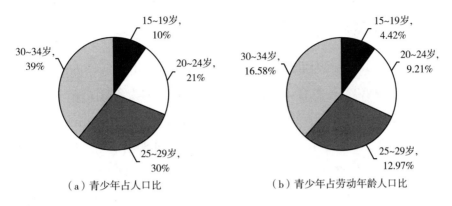

（a）青少年占人口比　　　　　　　（b）青少年占劳动年龄人口比

图7-2　各年龄段人口贡献

（三）青少年性别比逐渐缩小

2010年全国15～34岁青少年群体中男性占比50.86%，女性占比49.14%；北京市青少年群体中男性占比51.63%，女性占比48.37%。2020年全国青少年群体男性比例为51.59%，女性比例为48.91%；北京市青少年群体中男性比例为51.58%，女性比例为48.42%。全国青少年性别比持续增加，男女性别比（女＝100，男性对女性的比例）从2010年的103.5增至2020年的106.5。对比而言，北京市青少年性别比则逐渐缩小，男女性别比从2010年的106.8缩小至2020年的106.5。[①]

（四）城镇化水平高达90%[②]

根据第七次全国人口普查数据，2020年全国城镇人口占比为63.84%，农村人口占比36.16%。全国青少年群体城镇人口规模为363618337人，其中城镇占比71.53%，农村占比28.46%。北京城镇人口占比87.55%，农村人口占比12.45%。北京青少年人口规模为6391776人，其中城镇占比89.4%，农村占比10.6%。

---

①②　第七次全国人口普查公报（第一号）［EB/OL］. 国家统计局，2021－05－11；第七次全国人口普查公报（第二号）［EB/OL］. 国家统计局，2021－05－11.

（五）北京青少年学历结构较优①

根据第七次全国人口普查数据，2020 年全国城市 15~25 岁青少年群体受教育结构以高等教育为主，其中大学专科比例为 22%，大学本科比例为 25.27%。北京市青少年群体学历结构显著优于全国城市同龄青少年群体。如图 7-3 所示，全国 15~25 岁青少年群体未上过学比例为 0.13%，学前教育比例为 0.13%，小学比例为 1.44%，初中比例为 15.36%，高中比例为 33.93%，大学专科比例为 22%，大学本科比例为 25.27%，硕士研究生比例为 1.66%，博士研究生比例为 0.08%。北京市青少年未上过学比例为 0.08%，学前教育比例为 0.07%，小学比例为 0.81%，初中比例为 11.21%，高中比例为 23%，大学专科占比 16.74%，大学本科占比高达 39.92%，硕士研究生占比 7.41%，是全国城市同龄群体硕士研究生比例的 7 倍；博士研究生占比为 0.75%，是全国城市同龄群体博士研究生比例的 10 倍。

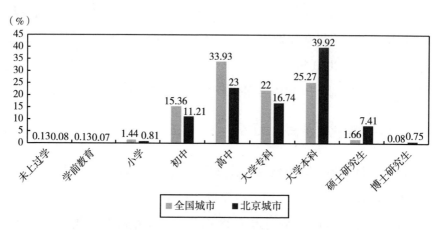

图 7-3　15~25 岁青少年学历结构

北京市 16~34 岁青少年群体平均受教育水平高于全国青少年群体。

---

① 第七次全国人口普查公报（第一号）［EB/OL］. 国家统计局，2021-05-11；第七次全国人口普查公报（第二号）［EB/OL］. 国家统计局，2021-05-11.

如图7-4所示，北京青少年群体本科达到44%，平均受教育年限为15.3年，高中受教育水平。全国青少年群体本科达到22%，平均受教育年限为12.3年，初中受教育水平。北京青少年学历结构显著优于全国。

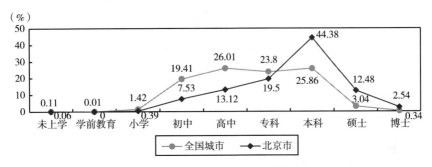

图 7-4　16~34 岁青少年学历结构

三、数字经济发展中北京青少年人力资本的新特征、新趋势

（一）平均受教育水平急速上升

从6岁及以上人口平均受教育年限来看，2010~2020年，我国平均受教育年限明显增加，由2010年的8.372年上涨到2015年的8.625年，五年间增加了0.253年，之后又上升到2020年的9.208年，2015到2020年的五年里增加了0.583年，增长幅度较大（见图7-5）。十年间平均受教育年限共增长了0.836年。

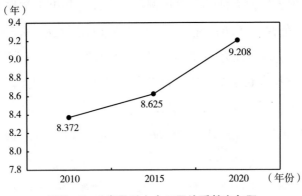

图 7-5　6 岁及以上人口平均受教育年限

全国青少年群体（14～28岁）小学、初中、高中、大学专科、大学本科、研究生，及博士学历占比分别为1.73%、20.36%、28.88%、21.93%、24.2%、2.4%及0.22%，平均受教育年限为13.07年。新时代北京青少年人力资本水平高于京津冀城市群，也高于全国。全国15岁以上人口平均受教育年限为11.11年，北京15岁以上人口平均受教育年限为13.28年。2020年15～25岁青少年群体平均受教育水平全国城市层面平均水平为13.22年，北京市为14.29年，北京市15～25岁青少年群体平均人力资本水平领先于全国城市平均水平。

（二）教育性别逆转逐渐呈现

女性高等教育比例反超男性的现象在很多发达国家得以发现。高银（Goldin，1992，1997，2006）发现自从1960年以后出生的美国女性高等教育的比例已经超过了男性，并把这一现象成为高等教育性别差距逆转。后来许多国家出现类似现象，学者将女性接受某一阶段教育的比例高于男性，或者女性受教育年限高于男性的现象称之为教育性别逆转。根据我国第七次全国人口普查数据[①]，15～25岁青少年属于1995～2005年的出生列队，北京市15～25岁青少年平均受教育水平男性为13.96年，女性为14.65年，女性高于男性0.69年，受教育机会呈现性别逆转特征。具体教育结构性别情况如图7-6所示，初等教育、中等教育和博士研究生教育阶段均表现为男性受教育比例高于女性，其中小学教育阶段男性为0.96%，女性为0.64%；初中教育阶段男性为14.3%，女性为7.79%；高中阶段男性为24.56%，女性为21.3%；博士研究生阶段男性为0.87%，女性为0.62%。而在高等教育阶段出现性别逆转，表现为女性受教育比例高于男性，其中大学专科阶段男性为16.33%，女性为17.19%；大学本科阶段为男性36.66%，女性为43.52%；硕士研究生阶

---

① 第七次全国人口普查公报（第一号）［EB/OL］. 国家统计局，2021 - 05 - 11；第七次全国人口普查公报（第二号）［EB/OL］. 国家统计局，2021 - 05 - 11.

段男性为 6.15% ，女性为 8.8% 。

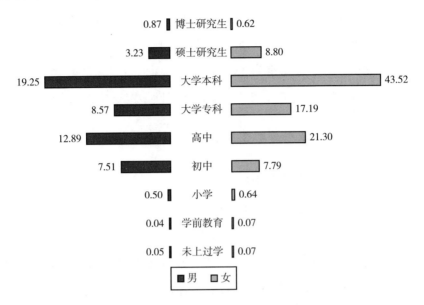

图 7 – 6　2020 年 15～25 岁性别人口的受教育程度分布（单位：%）
资料来源：第七次全国人口普查数据。

新时代青少年群体性别差距和性别逆转呈现非线性特征，可能有两种效应导致：一是机会效应，这个年龄段所对应的教育政策具有一定的特殊性，导致性别差距的变动。二是选择效应，完成高中阶段后，男性在劳动力市场的收益高于女性，因此女性更有可能选择上大学；但在完成研究生阶段后，处于女性生育年龄高峰，女性面临生育选择，女性继续升学的概率又低于男性。

与全国城市平均水平对比而言，平均受教育水平全国城市层面男性为 12.99 年，女性为 13.47 年，女性比男性多 0.49 年，而北京市层面女性比男性多 0.68 年。大学本科阶段全国城市人口女性受教育比例比男性高 6.86% ，硕士研究生阶段高 2.65% 。北京市学历教育性别逆转情况更加突出，反映出北京市更加包容的文化环境。

16～34 岁青少年群体受教育结构和平均受教育年限也呈现出性别逆转的特征，并且北京市教育性别逆转程度高于全国水平。高等教育阶段女性受教育比例明显高于男性，其中专科阶段全国青少年女性受教育比例高于男性 1.26%，北京市为 1%；本科阶段全国青少年女性受教育比例高于男性 3.39%，北京市为 6.96%；硕士阶段全国青少年女性受教育比例高于男性 0.57%，北京市为 3.22%。平均而言全国青少年女性比男性多接受 0.26 年教育，北京市青少年女性比男性多接受 0.71 年教育。

（三）青少年城乡教育差距逐级递增

1. 城乡教育差距较大且逐级增加

综合来看，无论是全体青少年群体还是分性别群体，城市受教育机会远远高于农村，城乡教育差距平均达到 70% 以上，并且随着教育等级的提升，城乡教育差距逐级增加。其中基础教育阶段城乡教育差距为 61.44%，中等教育阶段城乡教育差距均值为 65%（中学为 58.89%，高中为 70.23%），高等教育阶段城乡教育差距均值为 82%（大学专科为 65.17%，大学本科为 84.05%，硕士研究生为 90.32%，博士研究生为 89.51%）。北京 15~25 岁青少年城乡教育差距较大，且与城乡青少年人口差距相关，相关研究也发现农村人口密度决定着教育普及政策的效果，2000 年各地农村初中入学率与农村人口密度高度正相关[1]。

2. 城乡教育性别差距呈现不同趋势

城市男女性别差异趋势已发生逆转，学前教育阶段女性受教育比例高于男性 0.73%，小学阶段女性高于男性 3.23%，初中阶段女性高于男性 2.59%，高中阶段女性高于男性 3.29%，大学专科阶段女性高于男性 2.37%，大学本科阶段女性高于男性 1.04%，硕士研究生阶段女性高于男性 2.85%，博士研究生阶段女性高于男性 1.95%[2]。随着我国教育普

①　Zhang X. and S. Rozelle. Education universalization, rural school participation, and population density [J]. China & World Economy, 2022, 30 (4): 4 – 30.
②　第七次全国人口普查公报（第一号）[EB/OL]. 国家统计局，2021 – 05 – 11；第七次全国人口普查公报（第二号）[EB/OL]. 国家统计局，2021 – 05 – 11.

及，男女受教育资源机会平等化趋势，将使今后很长一段时间继续保持"女高男低"的受教育格局，并且这种趋势将可能进一步加剧，进而导致劳动力市场性别歧视、婚姻市场匹配失衡、结婚率及生育率的进一步下降。

农村男女性别差距依旧存在，但随着学历提升逐渐发生逆转趋势，即初等教育、中等教育及大学本专科阶段，男女受教育性别差距依旧存在，而研究生阶段男女教育性别逆转发生，其中硕士阶段男性受教育比例低于女性0.29%，博士研究生阶段男性受教育比例低于女性0.14%。我国城乡教育差距在性别方面呈现不同的表现，一方面与城乡教育机会、性别观念有关，另一方面也与城乡人口性别差距有关，如表7-1所示，15~25岁青少年城市女性人口高于男性3.4个百分点，而农村却低于2.36个百分点。

表7-1　北京2020年15~25岁青少年人口及教育结构城乡分布　　单位：%

类别	城市	镇	村	城-男	镇-男	村-男	城-女	镇-女	村-女
15~25岁人口	83.51	7.42	9.07	81.93	7.90	10.17	85.33	6.86	7.81
未上过学	56.38	14.93	28.69	54.98	17.56	27.46	58.80	10.38	30.81
学前教育	83.15	8.18	8.67	82.80	8.13	9.07	83.53	8.23	8.23
小学	75.75	9.94	14.31	74.57	10.48	14.95	77.80	9.01	13.20
初中	74.65	9.59	15.76	73.82	9.86	16.32	76.41	9.01	14.58
高中	81.35	7.52	11.12	79.94	7.82	12.24	83.23	7.12	9.65
大学专科	78.14	8.89	12.97	77.01	9.04	13.95	79.38	8.72	11.90
大学本科	89.16	5.73	5.11	88.62	6.01	5.36	89.66	5.46	4.88
硕士研究生	91.28	7.76	0.96	89.70	9.50	0.80	92.55	6.37	1.09
博士研究生	90.02	9.47	0.51	89.26	10.28	0.46	91.21	8.20	0.60

资料来源：第七次全国人口普查数据。

四、数字经济发展中北京青少年经济参与新问题

根据历年全国人口普查数据（1982年、1990年、2000年、2010年）

和全国1%人口抽样调查数据（1995年、2005年、2015年），可以发现劳动年龄人口的劳动参与率已经发生的变化（见表7-2），2010~2015年呈现先上升后下降的倒"U"型变化（吴要武，2021）。

表7-2　　　　　　　中国不同地区的就业率及变化　　　　　　单位：%

年份	城市	镇	农村	总计
1982	80.79	79.96	85.33	84.41
1990	76.71	76.39	88.10	85.34
1995	75.09	72.64	86.93	84.80
2000	65.50	72.65	89.06	80.74
2005	65.69	71.18	83.97	76.27
2010	63.88	71.01	86.75	76.35
2015	62.80	68.95	78.42	70.71

注：就业率等于15~64岁就业者除以15~64岁人口乘以100%。

在全球范围内，2021年全球青年失业率为15.6%，约有7500万名青年失业。此外，4.08亿人为就业状态，7.32亿人不属于劳动力群体。青年的劳动力参与率相对较低，主要是因为他们处于受教育阶段。统计表明，2020年约有5.31亿名，即全球44%的青年接受了教育，而23.3%的青年属于"尼特族"（NEET），即"未就业、未接受教育、未接受培训的人群"，人数为2.82亿，比2019年上升了1.5%，跃升到至少15年来的最高水平。尼特状态会让青年人错过个人发展的关键阶段，并有可能在未来的劳动力市场上令其处于严重劣势。事实上，在过去几十年中，青年的就业人口比（EPR）已经呈强烈下降趋势，1995~2015年，全球青年的就业人口比从48.8%下降到36.9%，这意味着平均每年下降近0.5%。[①] 中高收入国家的下降幅度最大，而低收入和高收入国家的下降幅度较小。在生活水平不断提高的国家，教育入学率的提高是青年就业人口比下降的主要驱动因

① 资料来源：国际劳工组织《2021年全球青年就业趋势报告》。

素。随着国家和家庭变得更加富裕，青年有更多的机会来继续他们的教育。而当就业人口比的下降造成尼特率的增加，就会带来一系列问题，《北京市"十四五"时期青少年事业发展规划》也将青年就业率作为核心监测指标之一，为此本章利用七普数据总结青少年群体劳动参与特征和就业问题。

劳动力参与率是与劳动供给相关的一个重要概念，它测量的是一个国家从事经济活动的工作年龄人口的规模。劳动力参与率的计算一般是以加入劳动力的人数占劳动年龄人口的百分比进行的。劳动力为就业人数和失业人数之和。计算公式为：

$$16 \sim 34 \text{ 岁青少年劳动参与率} = \frac{\text{劳动力}}{\text{劳动年龄人口}} \times 100\%$$

（一）劳动参与高于全国平均水平

数字经济发展催生了电竞选手、网络主播、网络作家等大量新职业，涌现了拥有多重身份和职业、多种工作和生活方式的"斜杠青年"，充分体现了时代赋予青年的更多机遇、更多选择。在国家持续出台创业扶持政策的大背景下，青年积极投身大众创业、万众创新热潮，2014年以来，在新登记注册的市场主体中，大学生创业者超过500万人。在信息技术服务业、文化体育娱乐业、科技应用服务业等以创新创意为关键竞争力的行业中，青年占比均超过50%，一大批由青年领衔的"独角兽企业""瞪羚企业"喷涌而出。

如表7-3所示，全国青少年劳动参与率与全体劳动年龄人口一致，而北京青少年劳动参与率（84.81%）远高于北京劳动年龄人口（74.77%）。对于青少年未工作的原因，全国青少年超50%是由于在校学习，21%是由于料理家务，1%是由于丧失劳动能力，还有21%是其他原因。北京市青少年近60%是由于在校学习，15.62%是由于料理家务，0.47%是由于丧失劳动能力，还有23.11%是其他原因。

表7-3   青少年劳动参与情况

分类	全国			北京		
	青少年	劳动年龄	性别鸿沟	青少年	劳动年龄	性别鸿沟
工作（%）	77.3	73.32	15.13	84.81	74.77	9.11
在职休假、学习、停工（%）	2.32	2.19	0.3	1.1	0.92	-0.13
未工作（%）	20.46	24.49	-15.42	14.09	24.11	-8.97
N	269018	784489		4811	13196	

较高的劳动参与情况提升了青少年的经济能力。北京市青少年经济能力呈现自主化较高的特征，70%生活来源于劳动收入，高于全国63%的青少年生活来源于劳动收入。而北京青少年依赖家庭成员供养的比例（25%）则低于全国青少年依赖家庭成员供养的比例（32%）。

（二）就业性别鸿沟低于全国平均水平

在过去20年里，就业性别差距并没有缩小的迹象。2021年，全球青年女性就业率为27.1%，而青年整体为39.6%，青年男性就业可能性几乎是青年女性的1.5倍。中低收入国家的性别差距最大，为16.8%，而高收入国家的性别差距最小，为2.5%。[1] 世界各地区青年就业出现了四种不同的模式：北非、阿拉伯国家和南亚面临极端性别歧视和青年就业机会不足的双重挑战；东欧国家尽管性别差距较小，但女性的就业人口比也同样低；在拉丁美洲和加勒比地区，青年男性相对容易找到工作，在中亚和西亚也有一定程度的就业机会，但巨大的性别差距表明性别平等面临重大挑战；其余地区的性别差距低于全球平均水平，而青年男性的就业人口比稍高或等同于该地区平均水平。

如表7-3所示，全国青少年群体，男性就业率比女性高出15.13%，男性未就业比例低于女性15.42%；而北京男性就业率比女性高出9.11%，男性未就业比例低于女性8.97%。北京青少年劳动参与性别鸿沟显著低

---

[1] 资料来源：国际劳工组织《2021年全球青年就业趋势报告》。

于全国平均水平。对于青少年未工作的原因，全国层面男性更多是由于在校学习，而女性则是由于在校学习和料理家务。北京市层面女性由于在校学习未工作的比例为56%，高于全国青少年平均水平（49%），但依旧低于北京市青少年男性群体（65%），反映出北京市青少年劳动力市场存在性别鸿沟，但低于全国水平。

（三）就业向上极化程度更高

年轻人的就业问题一直都是社会关注的焦点。德国中等职前职业教育显著降低了青少年失业率。2013年具有职业资格的九年制中学毕业生失业率只有6.8%，甚至略低于当年全德国平均水平（7%），十年制中学毕业且具有职业资格者，其失业率只有4.9%，而未获得任何职业资格者的失业率高达20%（Hausner K. H., et al., 2015）[1]。根据我国相关统计数据[2]，截至2022年7月，16~24岁人口调查失业率为19.9%。当然由于新冠疫情、劳动力市场摩擦等，调查失业率处于一个变化当中，采用人口普查数据对16~34岁青少年不在学人口情况进行分析，则较为稳定的展现青年就业问题。结果显示，高等教育显著降低全国青少年失业率。专科主体毕业生失业率为16.37%，本科主体毕业生失业率9.86%，硕士研究生主体青少年失业率为0.57%，博士研究生主体青少年失业率为0.03%，均低于当年全国青少年群体平均失业率（20.47%），更低于当年全国劳动年龄人口（16~60岁）平均失业率（24.49%）。并且随着青少年群体接受高等教育的层次越高，失业率以边际递增的速度下降。而在北京硕士研究生教育显著降低了北京市青少年群体的失业率。硕士研究生主体青少年失业率为4.42%，远低于北京青少年群体平均失业率

---

[1] Hausner K. H., et al. Qualifikationen und Arbetismarkt. Bessere Chancen mit mehr Bildung [R/OL]. IAB, 2015 – 06 – 10.

[2] 国务院新闻办就2022年7月国民经济运行情况举行发布会 [EB/OL]. 中国政府网, 2022 – 08 – 15.

（14.09%），更低于北京市劳动年龄人口（16～60岁）群体平均失业率（24.11%）。而北京市接受本科教育的青少年失业率高达37.32%，接受专科教育的青少年失业率为26.84%，均高于北京市劳动年龄本科学历群体平均失业率（19.68%）。对比而言，北京市青少年劳动力市场体现出更加向上极化的特征。

（四）就业质量较高

中国劳动力不充分就业问题相当普遍，在实际经济活动中很多人力资源可能没有得到充分利用（杨伟国，孙媛媛，2007）[①]，许多国家的青年人不充分就业概率相对较高（Petreski et al.，2021）[②]。与时间相关的不充分就业作为就业的一个子类别，其定义须同时满足三个原则：从事各种工作的时间低于正常工作时间；愿意从事更多工作（工作时间非自愿地少于正常工作时间）；正在寻找或能够从事额外工作（如果有机会从事更多的工作，他们能够工作更长的时间）（ILO，1990，2013）[③④]。由以上定义可以看出劳动供给方式和供给时间是判断就业充分性的重要维度。当前经济下行压力大，特别是新冠疫情的影响，导致工作不稳定、工作时间不饱和，不充分就业问题突出，严重影响就业质量。那么北京青少年的就业情况如何呢？

从劳动供给方式而言，如图7－7所示，全国青少年50.82%在企事业机关或社会团体工作，16.71%从事个体经营户，6.43%经营农村家庭承包地，26.04%为自由职业和灵活就业。北京市青少年在企事业机关或

---

① 杨伟国，孙媛媛. 中国劳动力市场测量：基于指标与方法的双重评估 [J]. 中国社会科学，2007（5）：104－113.

② Petreski B.，J. Davalos and D. Tumanoska. Youth Underemployment in the Western Balkans：A Multidimensional Approach [J]. Eastern European Economics，2021，59（1）：25－50.

③ ILO. Surveys of Economically Active Population，Employment，Unemployment and Underemployment [R]. Geneva：International Labour Office，1990.

④ ILO. Resolusion Concerning Statistics of Work，Employment and Labour Underutilization [R]. International Labour Organization，2013.

社会团体工作的比例高达 84.63%，自由职业和灵活就业仅为 5.61%，其他供给劳动的方式也均低于全国同类水平，北京市青少年群体以正规就业为主，就业稳定性较高。

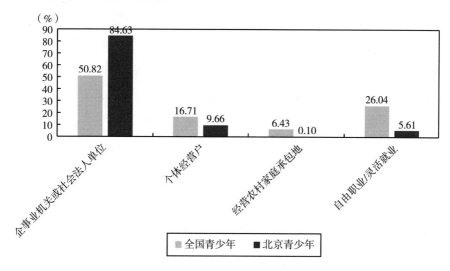

图 7-7　青少年就业方式

从劳动供给时间而言，北京市青少年工作时间更符合我国劳动法相关规定。每周 40 小时的劳动供给时间，全国青少年占比仅为 33.95%，而北京市青少年占比近 70%。对于每周 48 小时和 56 小时的超时劳动供给情况，北京市青少年比例远低于全国青少年群体。平均而言，北京青少年周工时为 43.2 小时，低于全国青少年周工时（45 小时），工作时间较为饱和，且过度劳动率较低。[①]

基于劳动供给方式和供给时间两个维度的表现，可以反映出新时代北京青少年就业较为充分，就业质量较高的特征。

（五）更聚焦在数字经济发展相关产业就业

各行业的人力资本分布的计算方式如下：（1）根据该行业平均受教

———————————
① 资料来源：作者根据第七次人口普查数据测算。

育年限与从业人员规模的乘积，计算该行业人力资本存量；（2）汇总 19
个行业的总人力资本规模；（3）根据各行业人力资本存量占总人力资本
规模的比例得到各行业人力资本分布。

如表 7-4 所示，全国青少年就业产业分布呈现"二一三"特征，青
少年在制造业就业分布为 21%，制造业行业就业青少年群体平均受教育
年限为 11.26 年，人力资本分布占比 19.58%。青少年在批发零售业就业
分布为 16.75%，平均受教育年限为 11.96 年，人力资本分布占比 16.58%。
青少年在建筑业就业分布为 9.53%，平均受教育年限为 11.01 年，人力
资本分布占比 8.69%。青少年在农林牧渔业就业分布为 8.42%，平均受
教育年限为 9.58 年，人力资本分布占比 6.08%。全国青少年人力资本分
布最低的三个行业为水利环境业、采矿业和电热气水生产和供应业，主
要由于这些行业青少年就业分布较低，导致这些行业的人力资本分布均
低于 1%。

表 7-4　　　全国和北京青少年就业行业人力资本分布情况

类别	全国青少年			类别	北京青少年		
	教育年限（年）	就业分布（%）	人力资本分布（%）		教育年限（年）	就业分布（%）	人力资本分布（%）
制造业	11.26	21	19.58	信息业	15.83	14.69	15.8
批发和零售业	11.96	16.75	16.58	批发和零售业	13.78	13.37	12.52
建筑业	11.01	9.53	8.69	租赁和商服业	14.61	8.91	8.84
农林牧渔	9.58	8.42	6.08	科技服务业	16.39	7.18	8
教育业	14.82	5.4	6.63	教育业	16.11	7.13	7.8
住宿餐饮业	10.97	6.03	5.48	制造业	13.82	8.12	7.62
交通仓储邮政业	11.64	5.22	5.03	金融业	16.54	5.25	5.9
公管社保	14.61	4.09	4.95	交通仓储邮政业	13.77	5.61	5.25
租赁和商服业	13.44	3.75	4.17	公管社保	16.05	4.71	4.55
信息业	14.36	3.37	4.01	卫生与社工	15.81	4.02	4.32
居民服务业	11.08	4.02	3.69	建筑业	12.91	4.74	4.16
卫生与社工	14.86	2.94	3.62	文体娱乐业	15.29	3.54	3.68
金融业	14.94	2.16	2.67	住宿餐饮业	11.77	4.58	3.66

续表

类别	全国青少年			类别	北京青少年		
	教育年限（年）	就业分布（%）	人力资本分布（%）		教育年限（年）	就业分布（%）	人力资本分布（%）
房地产业	13.13	2.29	2.49	房地产业	14.27	3.64	3.53
科技服务业	14.8	1.93	2.36	居民服务业	11.85	2.99	2.41
文体娱乐业	13.25	1.15	1.26	水利环境业	13.92	0.87	0.82
电气水生产和供应业	13.97	0.82	0.95	电气水生产和供应业	15.45	0.7	0.73
采矿业	12.34	0.7	0.72	农林牧渔	11.33	0.43	0.33
水利环境业	13.01	0.43	0.46	采矿业	15.67	0.07	0.07

资料来源：第七次全国人口普查公报（第一号）[EB/OL]. 国家统计局，2021-05-11；第七次全国人口普查公报（第二号）[EB/OL]. 国家统计局，2021-05-11。

对比而言，北京全国青少年就业产业分布呈现"三二一"特征，青少年在信息业就业分布为14.69%，信息业行业就业青少年群体平均受教育年限为15.83年，人力资本分布占比15.8%。青少年在批发零售业就业分布为13.37%，平均受教育年限为13.78年，人力资本分布占比12.52%。青少年在租赁和商业服务业就业分布为8.91%，平均受教育年限为14.61年，人力资本分布占比8.84%。青少年在科技服务业就业分布为7.18%，平均受教育年限为16.39年，人力资本分布占比8%。全国青少年人力资本分布最低的三个行业为采矿业、农林牧渔业和电热气水生产和供应业，主要由于这些行业青少年就业分布较低，导致这些行业的人力资本分布均低于1%。

五、新时代北京市青少年友好发展契机

以习近平同志为核心的党中央高度重视青年，大力倡导青年优先发展理念。《中长期青年发展规划（2016—2025年）》针对毕业求职、创新创业等方面的问题，提供新时代中国青年发展的政策指引。"十四五"期

间北京市也针对青少年发展制定了《北京市"十四五"时期青少年事业发展规划》，为确保新时期北京市青少年友好型发展，利用数字经济发展和教育内涵式发展的契机，从以下几个方面促进青少年发展。

第一，确保劳动力市场切实为青年创造就业机会，北京市政府应继续提供量身定制的宏观经济支持，同时加强与信息产业和国际企业合作，为青少年参与劳动力市场创新的机会。

第二，投资导向转为绿色、数字和照护产业等领域，有助于促进成功脱碳、数字转型、应对人口结构变化等问题，助力女性在劳动力市场上应对性别歧视，更好的发挥女性人力资本的作用。

第三，积极人才政策，实现人才与城市双向共赢。从国际经验看，一些国家从吸引青年的视角改进城市管理，更加重视促进青年安居乐业。2017年我国城市步入以"人才"为核心要素的高维竞争阶段，各地竞相从经济补贴、落户条件和教育服务等配套保障等方面出台了一系列人才吸引政策。积极人才政策从满足青年安居乐业需求转型到提高青年城市发展参与度、提升青年建功获得感，实现人才与城市双向共赢。

第四，落实劳动教育新理念，提高青年劳动参与率和创造机会。新时代新少年更全面的发展与更多元的职业选择，面对新时代社会经济发展需求和较高的青年就业问题，落实劳动教育新理念。我国《关于全面加强新时代大中小学劳动教育的意见》明确指出，高等学校劳动教育的重点是使学生能够在劳动实践中创造性地解决问题。注重"创造性劳动知识与能力"的培养，提高青年人才劳动力市场参与率，创新创业激发新就业和新职业涌现。

第五，倾听青年的心声并提高其政策参与度。政府、企业联合会、团委和工会需要建立新的参与渠道，确保青年能参与整个政策周期，增进不同利益相关者群体之间的沟通、互动和能力建设。

第八章

青年就业与择业问题

一、青年是就业优先战略的重点群体

青年就业问题一直都是社会关注的焦点。国际劳工组织将"16 岁至 35 岁未就业、未接受教育、未接受培训的青年人群"称为"尼特族"（NEET，Not in Education，Employment or Training）。2020 年全球青年受教育规模约为 5.31 亿人，占青年比例44%，其中 2.82 亿人属于"尼特族"①。截至 2023 年 6 月，我国不包含在校生的 16～24 岁人口调查失业率高达 21.3%，较去年同期增加 1.4%，创青年失业率历史最高水平。12 月 16～24 岁调查失业率降至 14.9%，仍远高出同期 5.1% 的城镇调查失业率，以及 6.1% 的 25～29 岁劳动力调查失业率、3.9% 的 30～59 岁的失业率。2024 年高校毕业生预计将达到 1179 万人，同比增加 21 万人，这意味着今年大学生就业形势将更加严峻。②

造成这一严峻形势的原因既有周期性因素，也有结构因素。需求侧方面，从中长期看，第四次工业革命以来，人工智能、数字化等新技术

① 资料来源：国际劳工组织《2020 年全球青年就业趋势》。

② 18.8%，青年失业率再创新高！普通人该何去何从？［EB/OL］．网易新闻，2024－09－23.

不断地发展，无疑冲击了传统就业岗位和就业方式，形成结构性压力；从短期看，受新冠疫情影响，国内外宏观经济形势严峻，中小企业的用工派生需求大幅度缩减，形成周期性压力。供给侧方面，高校毕业生就业问题存在观念和行为偏差。观念上，毕业生倾向于择业优于就业，希望找到与个人兴趣能力匹配度最高的工作岗位，也即寻找最理想的职业。行动上，国家和高校希望毕业生能够做到"就业先于择业"，即在当前劳动力市场具体环境下选择最接近自己兴趣和能力的工作岗位，形成结构性矛盾。除此之外，由于缺乏必要的劳动实践和切实的社会实践，青年人尚未建立理性、科学的就业观，普遍对自己的就业规划尚不清晰，并高估了自己的职业发展，形成摩擦性失业，进一步加剧了青年"就业难"问题。

党的二十大报告明确指出"实施就业优先战略"，为进一步做好就业工作指明了方向。大学毕业生是我国战略人才布局中最为重要的一个群体。微观上，就业是大学毕业生释放人力资本，将所学知识应用于社会发展，实现个人价值的重要过程。中观上，就业是民生之本，充分就业能够保证家庭的经济来源，提升家庭成员的幸福感，关乎社会整体的稳定和发展。宏观上，解决好大学生就业问题，有利于发挥高素质人才在经济发展中的重要作用，为社会进步和科技创新提供支持。为此，不仅需要关注大学生就业表现、分析原因，更要把握大学生世界观、人生观、价值观等价值观念在就业选择和职业发展上的行为，把握大学生就业过程中对可供选择职业的评价和排序，了解大学生对就业问题的认识、态度、动机、倾向和指导思想，以及可能出现的就业过程和结果（Super，1980；赵世奎，沈文钦，2010；Choi et al.，2013），才能在国家和社会不断变化发展中解决好大学生就业问题。

二、本书相关调查研究中所反映出的青年就业认知偏差

本书相关调查和研究主要从两个方面介绍大学生就业问题，一是基

于大学毕业生就业情况调查的实证分析，研究突出大学生就业变化趋势，以及变化的原因。从 2003 年开始，北京大学教育经济研究所每 2 年开展一次"全国高校毕业生就业状况调查"，对比 10 次调查数据发现大学生就业中最突出的特点是偏好经济价值和个人价值，而社会价值一直未得到重视（岳昌君，2023）。基于 2007～2017 年全国高校毕业生就业调查数据，灵活就业是大学毕业生非正规就业的主要类型，并且非正规就业群体的就业满意度比正规就业群体更高（蒋承、王天骄，2020）。李春玲（2023）采用"中国大学生追踪调查"数据发现大学生就业趋同主要表现在推迟就业而选择继续升学、体制内就业意愿不断高涨、"逃离北上广深"倾向不断发展以及"慢就业"接纳度越来越高。

二是选择特定大学生群体进行就业相关调查，研究主要从社会学、心理学等角度分析大学生就业观念和择业偏好的情况。基于上海高校 1500 名在校生调查研究表明，延迟就业的目的主要是更优选择，主要表现在为了进一步深造、更好的职业规划、自我效能、就业质量等（郑东、潘聪聪，2019）。针对"95 后""00 后"的毕业生群体调查发现大学生矛盾的就业心态：一方面大学生就业物质主义取向明显，看重就业收入，就业选择偏好集中在公务员的大城市；另一方面大学生就业心态比较脆弱，新冠疫情显著降低了大学生就业信心（李秀玫等，2021）。基于 2019 年和 2020 年两轮中国大学生追踪调查，对比分析结果表明新冠疫情对应届毕业生就业产生了多方面的负面影响，表现在就业压力、心理压力和就业选择的变化上（李春玲，2020）。

大学生就业观是大学生在选择职业时对"为什么就业""就什么业""怎么就业"等问题的根本看法和态度。这一选择过程会面临自我与社会、专业与职业、兴趣与能力、短期与长远等诸多矛盾。从高校毕业生就业相关调查看，对上述矛盾的认识偏差加剧了大学生就业难问题，这些认知偏差主要体现在以下五个方面。

一是就业心态迷茫。根据复旦大学社会治理研究中心开展的大学生社会心态调查，后疫情时代下严峻的就业形势已成为大学生的共同困境，在就业预期方面，大学生呈现出了低自我效能感的倾向，表现为就业信心的低迷和对个人发展的不确定。"焦虑""迷茫"成为后疫情时代大学生的普遍就业心态。

二是就业态度消极。就业心态迷茫直接带来了大学生"懒就业""慢就业"。目前不愿就业的毕业生大致分为两类：一类是有明确的职业发展目标方向，如考公、考研等，《复旦大学 2022 — 2023 学年本科教学质量报告》显示，该校 2023 年应届本科毕业生最主要的去向是升学，直接就业人数只有 583 人，占比仅为 18.07%[①]；另一类则表现为消极就业，包括回避就业竞争而"懒就业"，因延期毕业、家庭支持而"慢就业"等。以思考人生、等待时机、创业考察或者屡败屡战的反复应考等方式待业，反映出学生对自我、环境和就业形势了解不够，判断不准；或因追求"铁饭碗"或就业期望过高等原因导致主动或被动的暂时性未就业，反映出学校和家庭在引导大学生积极就业方面教育的不足。

三是就业偏个体取向。随着我国大学生就业政策从"国家分配"转为"自主选择"，大学生的就业取向也发生了从"服务国家"到"关注个人"的明显变化。这一变化激活了当代大学生就业的竞争意识、主动精神、创新活力，但也会因个人选择与国家发展战略的不匹配，带来劳动就业中的一系列结构性矛盾。例如，年轻人宁愿当骑手、送外卖，也不愿意进工厂当工人，导致我国产业工人空心化问题越来越严重。高学历青年群体越来越倾向于灵活就业，并集中于生活配送、平台直播、共享出行司机等低技能、低学历门槛职业，导致劳动学历技能错配。在就业地区选择上，大学生普遍希望留在发达的大中城市，而不愿到急需人才的基层或产业待兴的乡村地区。在我国社会经济发展不充分、不均衡的阶段性矛盾下，大学生就业看似满足个体理性的选择，实则是对国家

---

① 复旦大学 2022 — 2023 学年本科教学质量报告［R］. 复旦大学教务处，2023 – 12 – 19.

发展、社会利益考虑不足。说明大学生没有充分认识到劳动是创造财富的源泉，是破解发展中的各种难题的方法。

四是就业目标短期功利。根据复旦大学社会治理研究中心的调查数据，当前大学生评价工作好坏的最重要标准中，"收入"排名第二位，而"发展空间""能力提升""个人兴趣"等工作评价则不断下降，反映大学生劳动价值取向偏向短期主义和功利主义。短期功利的就业目标甚至使青年宁愿送外卖、挣快钱，涌现在各类互联网平台灵活就业，也不愿意进入产业工人空心化问题越来越严重制造业成为技能工人。短期上两类职业的确存在较大的薪酬差异，但从终身技能养成和国家产业工人队伍宏观发展看，实体行业、制造业更是未来职业发展所需，因为人力资本只有在专业化工作中才能不断保值、继续增值，才能为更高质量的就业奠定能力基础。如果大学生过度关注短期经济利益的就业，就会存在损失长期人力资本在"干中学"积累专业化知识的风险，造成个人和国家人力资本投资的损失。

五是就业创新创造性不足。根据北京大学 2021 年全国高校毕业生就业状况调查，在 34 项学生能力增值评价指标中，创新能力、数字技术等市场需求大的指标得分最低。科学技术部《2020 年中国创业孵化发展报告》显示，2019 年在孵企业和创业团队共吸纳就业 450.3 万人，包括应届大学生 46.4 万人，青年创业群体专科及以上学历的创业者占比达到 86.1%。但是高学历青年创业在农林牧渔业占比 20.8%，批发零售占比 15.9%，74.6% 的创业者利用个人或家庭积蓄作为创业启动资金。[①] 青年创业者倾向于选择技术和资金门槛不高的行业，反映出大学生就业创业的创新创造性不足。

已有调查研究为分析我国大学生就业及就业观念的表现、结构、变化趋势等事实提供了科学依据。然而，科学理性的就业观是大学生以正

---

① 中国创业孵化发展报告 2020［R］. 科技部火炬中心，2020 – 10 – 15.

确认识个人与社会关系为前提，在客观评价自我、理性认识就业环境基础上，做出有利于自身发展和社会发展的职业选择。大学生就业作为高等教育结构调整的一个重要方向（岳昌君，2022），应与国家人才需求、产业变革需求，以及科技变革需要相结合（叶雨婷，2022）。为此，不断优化教育供给内涵，扎实推进劳动教育，促进青年德智体美劳全面发展，引导大学生形成科学的劳动观，理性的就业观，是缓解青年就业压力的重要途径。

三、劳动教育培养大学生就业观的意义

在全球技术冲击和产业变革背景下，劳动关系、劳动形态、劳动任务发生了空前变化，如果缺乏科学、理性的就业观，就无法认清、判断及应对新变化，进一步加剧摩擦性失业。舒尔茨在《应对失衡能力的价值》中提出教育可以提高人处理非均衡的能力，即配置能力，包括两方面的能力：一是在保持其他生产资源投入不变的情况下，带来更多产出的增加；二是获取各种信息的能力，特别是处理各种新情况的能力。科学理性的就业观是大学生以正确认识个人与社会关系为前提，在客观评价自我、理性认识就业环境基础上，做出有利于自身发展和社会发展的职业选择。劳动教育作为中国特色社会主义教育制度的重要内容，直接决定社会主义建设者和接班人的劳动精神面貌、劳动价值取向和劳动技能水平，有助于引导大学生树立科学理性就业观。

（一）劳动教育有助于培育大学生积极的就业态度

《关于全面加强新时代大中小学劳动教育的意见》（以下简称《意见》）和《大中小学劳动教育指导纲要（试行）》（以下简称《纲要》）中，将培育社会主义建设者和接班人积极的劳动精神面貌作为新时代劳动教育的首要任务。强调将劳动观念和劳动精神教育贯穿人才培养全过程，

贯穿家庭、学校、社会各方面；倡导通过诚实劳动创造美好生活、实现人生梦想；注重让学生领悟劳动的意义价值，领会"幸福是奋斗出来的"内涵与意义，形成奋斗、创新的劳动精神，弘扬开拓创新、砥砺奋进的时代精神。这种积极劳动精神面貌的塑造是破解大学生"慢就业""懒就业""不就业"等消极心态的对症良方。高校劳动教育培育大学生积极劳动精神面貌的重要表现之一，就是形成大学生的积极就业心态上。

（二）劳动教育有助于塑造大学生正确的就业取向[①]

新时代劳动教育的核心任务是塑造学生正确的劳动价值观，使学生能够理解和形成马克思主义劳动观，崇尚劳动、尊重劳动，报效国家、奉献社会。为此，《意见》明确提出，要引导大学生"树立正确择业观，具有到艰苦地区和行业工作的奋斗精神，懂得空谈误国、实干兴邦的深刻道理；注重培育公共服务意识，使学生具有面对重大疫情、灾害等危机主动作为的奉献精神。"《纲要》则进一步明确，高等学校要引导大学生"深刻理解马克思主义劳动观和社会主义劳动关系，树立正确的择业就业创业观，具有到艰苦地区和行业工作的奋斗精神"，"结合'三支一扶'、大学生志愿服务西部计划、'青年红色筑梦之旅''三下乡'等社会实践活动开展服务性劳动，强化公共服务意识和面对重大疫情、灾害等危机主动作为的奉献精神。"可见，塑造大学生正确劳动价值观的关键是引导大学生正确处理个人和国家、个人与社会的关系，正确地认识自我发展与社会需要的关系，既追求个人发展，也愿意到祖国最需要的地方去，努力实现自身发展与社会发展的和谐统一。

---

① 习近平主持召开中央全面深化改革委员会第十一次会议强调 落实党的十九届四中全会重要举措 继续全面深化改革实现有机衔接融会贯通［EB/OL］．新华网，2019-11-26；教育部关于印发《大中小学劳动教育指导纲要（试行）》的通知［EB/OL］．中国政府网，2020-07-07．

（三）劳动教育有助于提振大学生的就业信心

大学生就业信心不足，一方面源于对当下严峻就业形势的焦虑、迷茫；另一方面源于对自我能力的不确定和不自信。劳动教育对推动解决这两方面问题具有积极作用。一方面，新时代劳动教育将"注重分析相关劳动形态发展趋势"作为高校专业教育中渗透劳动教育的基本要求，强调劳动教育要"适应科技发展和产业变革，针对劳动新形态，注重新兴技术支撑和社会服务新变化"，要"紧跟科技发展和产业变革，准确把握新时代劳动工具、劳动技术、劳动形态的新变化"。这些内容有助于大学生更好地认识到劳动就业市场中短期和长期的关系，跳出眼下的就业焦虑，以更长远的眼光定位、规划自己的职业选择。另一方面，新时代劳动教育具有突出的社会性和显著的实践性，强调"必须加强学校教育与社会生活、生产实践的直接联系"，"普通高等学校要将劳动教育有机纳入专业教育、创新创业教育，不断深化产教融合，强化劳动锻炼要求，加强高等学校与行业骨干企业、高新企业、中小微企业紧密协同，推动人才培养模式改革。"① 可见，高校劳动教育的一个重要任务是推动解决高校人才培养与社会脱节、专业教育难以转化为岗位实践能力的问题。这一问题的解决必然有助于提升大学生的专业效能感和求职就业的自信心。

（四）劳动教育有助于激发大学生高水平创新创造

对大学生创造性劳动能力的培养是新时代高校劳动教育的重要关注点。《意见》和《纲要》均强调，高等学校劳动教育要"围绕创新创业""结合学科和专业"，"培养科学精神，提高创造性劳动能力"；要"重视

---

① 习近平主持召开中央全面深化改革委员会第十一次会议强调 落实党的十九届四中全会重要举措 继续全面深化改革实现有机衔接融会贯通［EB/OL］. 新华网，2019 - 11 - 26；教育部关于印发《大中小学劳动教育指导纲要（试行）》的通知［EB/OL］. 中国政府网，2020 - 07 - 07.

新知识、新技术、新工艺、新方法应用"，提高大学生"在生产实践中发现问题和创造性解决问题的能力，在动手实践的过程中创造有价值的物化劳动成果"；"要注重结合产业新业态、劳动新形态，选择现代农业、工业、服务业项目，提升创造性劳动能力"。① 这些要求是对高等学校专业人才培养和创新创业教育的进一步深化，必将有助于引导大学生在更专业、更具创新性的水平上就业、创业。

四、发挥劳动教育端正大学生就业观的现实途径

劳动教育与大学生就业观的塑造具有高度的内在一致性，大学生就业观的塑造离不开高质量的劳动教育，劳动教育的高质量发展最终要体现在大学生更充分更高质量的就业上。发挥好劳动教育推动大学生就业的积极作用，必须以塑造大学生科学理性的就业观为着力点，用好劳动教育的四条主要途径——独立开设劳动教育必修课、在学科专业中有机渗透劳动教育、在课外校外活动中安排劳动实践、在校园文化建设中强化劳动文化，构建劳动教育与思政教育、专业教育、就业教育、创新创业教育深度协同的新格局。

（一）持续开展好新时代劳动精神教育，培育学生积极的就业精神面貌

要深刻认识劳动精神在以中国式现代化全面推进中华民族伟大复兴新征程上的强大凝聚力和引领力，将扎实深入开展好"劳模工匠进校园"行动作为高校共青团工作的重要内容，常态化抓实、抓好、抓出成效。通过设立劳模工匠兼职辅导员、开设"劳模工匠大讲堂"、组建"劳模精

---

① 习近平主持召开中央全面深化改革委员会第十一次会议强调 落实党的十九届四中全会重要举措 继续全面深化改革实现有机衔接融会贯通 [EB/OL]. 新华网，2019-11-26；教育部关于印发《大中小学劳动教育指导纲要（试行）》的通知 [EB/OL]. 中国政府网，2020-07-07.

神宣讲团"、开展"致敬劳模交流会""劳模家长上讲台""优秀毕业生报告会"等主题班会或团日活动形式，广泛宣传劳动榜样人物事迹，让师生在校园里近距离接触劳动模范，聆听劳模故事，观摩精湛技艺，感受并领悟勤勉敬业的劳动精神，争做新时代的奋斗者。

（二）深入开展好马克思主义劳动观教育，塑造学生正确就业价值取向

认真落实新时代劳动教育"强化马克思主义劳动观教育""使学生能够理解和形成马克思主义劳动观"的目标要求，将马克思主义劳动观教育作为各级各类高校劳动教育的必修模块，研制教学大纲、创新教学设计，规范化融入到高校劳动教育必修课中。在教学内容上，要着力讲明白劳动在马克思主义唯物史观中的本体性地位，劳动作为人的本质力量的价值实现；讲明白马克思主义劳动观中劳动的谋生性与发展性、个体性与社会性之间的辩证关系，并在此基础上引导学生深刻理解并反思马克思《青年在选择职业时的考虑》中内含的严谨的理论逻辑与现实启示，引导大学生深刻认识到个人的命运始终跟社会与时代紧密相连，唯有顺应国家发展大局、时代发展大势，找准就业方向，才能赢得个人的美好未来。

（三）全程递进式强化劳动就业认知教育，引导大学生立足长远理性做好就业规划

要充分认识劳动就业认知对提振大学生就业信心，指导大学生科学理性地做好就业规划的重要意义，将劳动就业趋势教育、劳动就业政策解读作为完整的就业教育体系中必不可少的内容，全程性渗透到劳动教育必修课教育、形势与政策教育、专业教育和就业创业教育中。在一、二年级的劳动教育必修课中，设专题讲授劳动就业新趋势，让学生充分认识当前我国就业形式从组织型转向自主型、从集中型转向分散型、从

单一型转向多元型的新趋势；就业形态从雇佣主导型转向雇佣型、合作型、自由型就业并存的新样态，让学生在对我国就业形势的整体认知中初步明确职业规划方向。在二、三年级的《形势与政策》课程中要加强国家发展战略解读，通过国家中长期发展规划解读、历届历次党代会报告解读等，引导学生把实现党和国家确立的发展目标变成自己的自觉行动，自觉地把人生理想、家庭幸福纳入国家富强、民族复兴的伟业中。在三、四年级的专业教育和就业创业教育中，要加强本专业劳动发展新趋势的解读，以及"特岗计划""三支一扶""西部计划"等国家基层就业政策的解读，指导学生怀着一颗平实之心，综合考虑自身条件和社会需求，科学理性地确定就业目标。

（四）聚焦式优化劳动教育实践，着力提升大学生的求职信心和创新能力

要紧扣新时代劳动教育突出的社会性和显著的实践性特征，聚焦就业创业，优化实践育人体系，推进高校人才培养模式变革。通过举办劳动创新大赛、职业规划大赛、创业实践大赛，设置职业生涯体验劳动周，成立"校企合作菁英班""校企人才工作站"，设立劳模工匠创新工作室，开展"企业家讲堂""杰出校友讲堂"、打造产学研深度协同育人平台等符合高校特点的实践育人活动，切实提升高校人才培养同社会需求的契合度，切实增强高校毕业生的专业实践能力和劳动创新能力。

（五）整体性做好全局谋划，全员全过程全方位构建纵向联动、横向协同的就业育人新体系

要坚持系统观念，设计全员全过程全方位推进毕业生就业的整体工作方案。要破除以提供就业信息、协助落实就业单位等就业行政工作替代就业观教育的狭隘认识，克服将全程化就业教育变成毕业前临时支招、

应急指导的肤浅做法，贯通性谋划大学生就业教育课程体系、整体性推进大学生就业指导实践体系、全局性打造大学生就业文化浸润体系、协同性做好大学生就业师资队伍建设，着力构建就业教育与就业服务纵向联动，劳动教育、思政教育、专业教育、就业教育与创新创业教育横向协同的就业育人新体系。

第九章

数字经济发展中人才培养的
新要求、新困境和新路径

一、数字经济发展中高技能人才培养的新需求

（一）国家战略人才建设的要求

党的二十大报告提出，加快建设国家战略人才力量，努力培养造就更多大师、战略科学家、一流科技领军人才和创新团队、青年科技人才、卓越工程师、大国工匠、高技能人才。随着大数据、云计算、人工智能、区块链等新技术逐渐进入经济社会各领域，高技能人才成为链接技术创新与生产实践的核心要素。然而，以前我国技能劳动者占就业人口总量仅为26%，高技能人才仅占就业人口总量的7%。目前我国已建成全世界规模最大的职业教育体系，中高职学校每年培养1000万名左右的高素质技术技能人才，① 为经济社会发展提供了源源不断的技术技能人才。然而我国高技能人才规模还有明显的短板，与发达国家相比，我国高级技工

---

① 技能人才需求旺盛——我国技能劳动者超过 2 亿人，其中高技能人才超过 5000 万人[N]. 人民日报，2021 – 03 – 19.

占比明显偏低,我国高技能人才仅为 6000 多万人,其中高级工以上技能人才 147.2 万人,日本产业工人队伍中高级技工占比 40%,德国达到 50%。① 根据中共中央办公厅、国务院办公厅印发《关于加强新时代高技能人才队伍建设的意见》,到"十四五"时期末,技能人才占就业人员的比例达到 30% 以上,高技能人才占技能人才的比例达到 1/3,东部省份高技能人才占技能人才的比例达到 35%。按照《中国工运事业和工会工作"十四五"发展规划》确定的目标,到 2025 年底,全国示范性劳模和工匠人才创新工作室将达到 500 家左右,各级各类创新工作室达 15 万家。2024 年中华全国总工会实施大国工匠人才培育工程,每年培育 200 名左右大国工匠,示范引领各地、各行业每年积极支持培养 1000 名左右省部级工匠人才、5000 名左右市级工匠,形成大国工匠带头引领、工匠人才不断涌现的良好局面。②

(二) 任务偏向型技术进步的新要求

随着数字经济的渗透、人工智能技术的快速发展,大量新职业、新就业形态迅速涌现,这些具有任务偏向型特征的技术进步所创造的新岗位对技能人才提出新的能力要求。任务偏向型技术进步将工作任务作为主要分析单位,该分析框架不仅融合了传统的生产率效应和要素替代效应,同时更加强调技术进步通过改变不同要素的任务内容进而产生的任务替代效应和新工作创造效应(王永钦和董雯,2023)。当技术进步或生产关系变革冲击劳动力市场的均衡状态时,知识交叉融会、迁移创新、团队协作、职业精神等更深层的非认知能力将帮助生产过程重回均衡状态(Bowles S. et al., 2001)。工业时代技术工人所珍视的操作技能和技巧在智能时代下能发挥的空间越来越小,相反机器不具备的那部分能力,

---

① 产业工人争相"升级"我国高技能人才超 6000 万人 [EB/OL]. 中工网,2024 – 07 – 18.

② 中共中央办公厅 国务院办公厅印发《关于加强新时代高技能人才队伍建设的意见》[EB/OL]. 新华网,2022 – 10 – 07.

即表达与交往、价值与审美、职业精神和职业操守等"非认知能力"则日益重要（韦妙，张启迪，2021）。

在国家相关政策大力支持和国内生产研发技术水平提升以及需求不断增长等因素影响下，我国工业机器人得到快速发展，如图 9-1 所示，工业机器人行业产量高速增长，并且显著高出日本、美国、德国和韩国等机器人强国。根据国际机器人联合会（International Federation of Robots，IFR）发布的相关数据，2022 年我国工业机器人产量达 44.31 万台，存量呈指数式增长，近 10 年增速保持在 20% 左右。从发展趋势上看，2022 年我国工业机器人新增 290 千台，同比增长 21.1%，显著高于世界发达国家，是日本的 5.8 倍，美国的 7.25 倍、德国的 11.15 倍、韩国的 9.1 倍。从发展强度来看，我国工业机器人产量占世界比重由 2012 年的 14% 增长至 2022 年的 52%。据 IFR 预测，2026 年全球工业机器人将新增 718 千台，可预计中国将成为全球最广泛的应用工业机器人的国家。随着科技的快速发展，人工智能和大数据技术在各行各业的应用越来越广泛。作为实现前沿技术应用落地的"嫁接者"，高技能人才能够更加清晰地认知技术应用的核心问题，既能利用自身经验来判断落地新技术的可行性，形成技术与应用的有效互动；也能利用新知识来验证实践经验的正确性，为前沿技术的蓬勃发展提供实践场域。世界经济论坛最新数据显示（见图 9-2），未来 5 年内极有可能大范围应用的技术首位是数字平台和应用，技术应用率预计高达 86.4%，人工智能应用率预计高达 74.9%，文本、图像和语音处理应用率预计为 61.8%[①]。为此，培养造就更多高技能人才，是广泛应用数字技术、人工智能的必然要求。

王林辉等（2022）参照奥特尔等（Autor et al.，2003）二阶矩阵法，以常规能力强弱区分"常规性"和"非常规性"职业，以思维和社交能力强弱区分"认知性"和"非认知性"职业。分类研究结果表明（见

_____

① 资料来源：世界经济论坛《2023 年十大新兴技术报告》。

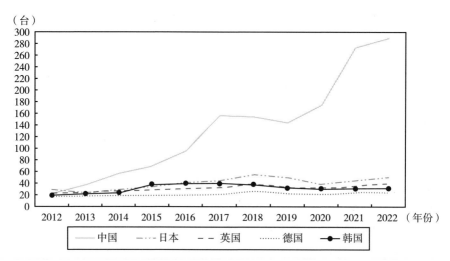

图9-1 各国工业机器人发展趋势

资料来源：国际机器人联合会（IFR）数据。

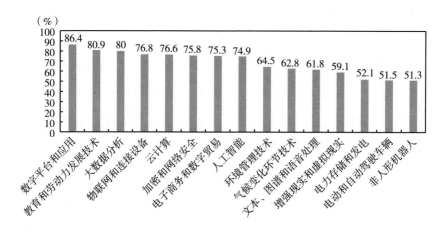

图9-2 2023～2027年预期技术应用率

图9-3），"非常规性认知交互型职业（第一象限）"，主要工作任务是分析情况、运用已有知识进行分析、研究、设计、开发，给出解决问题的方案。这类职业对人才的思维和社交能力要求最强，但对常规能力要求最弱，该类技能人群被人工智能技术替代的风险最低，平均可替代率仅为0.3275。"常规性认知交互型职业（第二象限）"，主要工作任务是分类、整合、处理、判断社会中的规范流程业务。这类职业对人才的思维

能力和社交能力要求较强，且对常规能力也较强，平均职业可替代率为0.4390。常规性非认知交互型职业（第三象限），主要工作任务是实际操作设备、使用工具进行制作、检查制作成品质量、效果，填写生产记录。这类职业对人才常规能力要求最高，但对思维和社交能力要求最弱，这类技能人群被人工智能技术替代风险最高，平均替代率高达0.5107。非常规性非认知交互型职业（第四象限），主要工作任务是接受、记录、传达指令。这类职业不仅对人才常规能力要求较弱，而且对思维和社交能力要求也较弱，这类技能人群被人工智能技术替代率平均为0.4955。由此可知，非常规性能力被当前的技术进步替代风险较低，常规性且非认知交互型技能可替代风险最高。

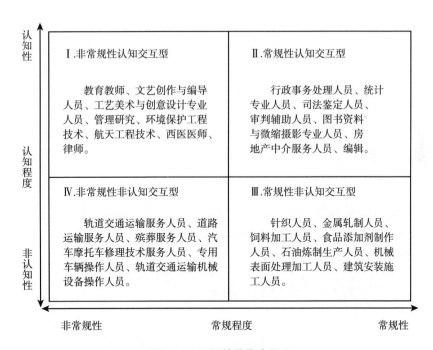

图 9 - 3　不同技能代表职业

（三）新质生产力发展的新要求

"新质生产力"是 2023 年 9 月习近平总书记在黑龙江考察调研期间

首次提到的新的词汇。新质生产力是创新起主导作用，摆脱传统经济增长方式、生产力发展路径，具有高科技、高效能、高质量特征，符合新发展理念的先进生产力质态。培育新质生产力是获取长期经济增长动能的核心（都阳，2024），核心是提升全要素生产率，而高技能人才是促进全要素生产率提升的重要力量。发展新质生产力既需要牵引源头创新的基础学科、交叉学科和新兴学科的拔尖人才，也需要推进新型工业化道路的工程技术人才和大国工匠、能工巧匠；既需要科学家，还需要一流科技领军人才和创新团队以及大批青年科技人才。

目前，我国技能人才超过 2 亿人，占就业人员总量 26% 以上，高技能人才超过 6000 万人，占技能人才总量的 30%①。各类技能人才活跃在生产一线和创新前沿，成为促进新质生产力发展，推动经济社会高质量发展的重要力量。传统产业要升级，必须以科技创新为引领，要将研发出的科技成果转化为生产率，必须拥有一支高水平的技术技能人才队伍。当前，技能人才特别是高技能人才供给与产业转型升级需求之间的结构性矛盾日益凸显，呈现"四多四少"的特点：初级技能人才多，高技能人才少；建筑、纺织等传统型技能人才多，信息、能源、材料等现代型技能人才少；单一型技能人才多，复合型技能人才少；短期速成的人数多，系统培养的人数少。因此，高技能人才培养是加快发展新质生产力的必然要求，增强技能潜力和匹配度，促进提升全要素生产率。

二、高技能人才培养的新困境

技能是人力资本模型的子概念，是指个人通过应用专门知识实现增值的技术能力（迈克·汤姆林森，2023）。通过正规教育，学生学习的学科或科目提供技能。学生掌握的技能越多，这些技能在经济中的扩散越

---

① "产业工人队伍建设改革五周年"新闻发布会［EB/OL］. 中国工会新闻网，2022－06－03.

广，学生及其所在工作场所的生产力就越高（Mason，2020）。能力作为人力资本发展的核心要素，强调认知能力和非认知能力的共同发展，贯穿个体生命周期，重视各方面环境质量对能力形成以及个人发展产生的影响。新人力资本理论有两大核心观点。一是能力的动态补充效应和自我生产效应，即在人力资本生命周期中，人力资本要呈现不断补充的状态才能适应当前社会的发展（李晓曼，罗祥艳，2020），而且不同阶段形成的能力也密切相关，一个技能的养成可以提高下一时期获取技能的能力（Borghans L.，Duckworth A. L.，Heckman J. J.，et al.，2008）。二是强调了非认知能力的价值，甚至个体面对非标准化工作任务和协作式工作关系时，非认知能力对劳动生产率的影响效应要强于认知能力（周金燕，2015）。根据投入产出模型，能力形成以不同的投入形式跨越人的生命周期，并且非认知能力相比认知能力，可塑期更长（Heckman J. J.，Corbin C. O.，2016）。

作为国家战略人才的高技能人才，属于高素质技能人才，是职业教育领域中的拔尖创新人才，是高素质技能人才里面更高精尖的一部分。高技能人才的培养不同于一般技能人才的规律，实然困境具有二元性。如图9－4所示，一方面，技能技术水平不高。在人工智能技术广泛应用场景中，产业数字化派生出新就业形态和就业方式，表现在劳动场所、

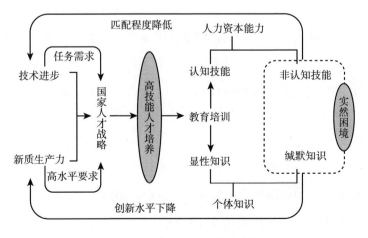

图9－4　高技能人才培养困境

过程、工具，以及职业资格等方面，推动技能需要通过数字化转型实现内涵更新与适应性提升；数字经济发展中，技能更是内驱于技术重塑、策略更新与实践探索，通过内生式的创新路径，实现发展新质生产力。

另一方面，技能供求不匹配。教育的活动和成果如何实现往往被归结为技术论的匹配问题（technicist matching）。技能是以情境和需求为基础的，通过有意义地参与工作活动来实现。这里的一个复杂因素是，即使在经济繁荣时期，教育环境中获得的技能也不容易与劳动力市场的需求相匹配（Holmes & Mayhew，2016）。我国是制造业大国，随着产业升级、数字化转型，不仅追求产业转型、效能突出，而且对技能人才知识储备和能力提升提出了更高的要求，人与技术的矛盾在实践中完成转化并形成新的协同式的统一体。但在教育领域，这种联系的实践还远远落后（吴砥等，2024）。

（一）认知能力培养难以传承缄默知识，限制了技能水平提升

从知识分类与职业教育的关系来看，知识分为显性知识和隐性知识，以及事实性知识、概念性知识和程序性知识。职业教育面对的是隐性知识、程序性知识为主。实践教学是职业教育人才培养中的重要一环。

长期以来，技艺传播、传承主要依靠师带徒方式延续，面对面亲授是主要方式，技艺的"灵魂"存续于工匠大师的头脑中，而缺少可以参考的资源，这让技术技能传播、传承受到局限。当前职业教育和技能培训大部分仍旧保持着师徒制的传承方式，传授内容以显性知识和个人经验为主，培养效果受到师傅的认真程度和徒弟的悟性双重制约。基于年龄—收入曲线假设（Klevmarken & Quigley，1976），研究发现教龄与教学质量、学生能力培养效果呈现先升后降的倒"U"型变化，可能性原因在于职业倦怠等不稳定因素（王伊雯，叶晓梅，2023）。

千百年来技能传承的困境在于缄默知识的传承，也是当前培养更多工匠人才的从"熟能生巧"到"巧能生精"的最大挑战。《庄子·天道》

记载"轮扁斫轮"的寓言，阐述了庄子"意不可言传"的理论。春秋时期齐国造车名匠轮扁认为书上所记载的是"古人之糟粕"，不具备传递作者的"心意"之能的事，"技"之传承，言传身教比书本知识高明许多。为破解意不可言传的主观症结，《庄子·秋水》对可以言传之意和不可言传之意区别，"可以言论者，物之粗也；可以意致者，物之细也"①。例如，制作质量最好的车轮须"得之于手而应于心"，庖丁解牛、梓庆为鐻、八十锤钩等数则和技能相关的寓言，均表达从事某种技能的思维过程，告诉人们怎样是得心应手。英国学者波兰尼（Polanyi）系统论述了那些只可意会不可言传的"缄默知识"在科学和社会实践中的重要价值，并指出缄默知识传承的困境，一是难以通过语言、文字或符号表达；二是难以通过学校教育、大众媒体等正规形式加以传递。

（二）非认知技能教育缺乏知识框架，降低了技能供求匹配度

传统职业教育注重培养学生技术操作层面的认知能力，而对团队协作、自我管理、成就动机、人文素质、道德规范等非认知能力的培养没有给予足够重视。智能技术发展让自动化机器替代了很多人类认知能力层面的技能操作工作，新兴产业形态和新型技术岗位必然更青睐非认知能力水平突出的应聘者。新人力资本理论认为，正是职业选择偏好的这种转变带来了非认知能力越来越显著的技能溢价效应。

职业教育对技能型人才的培养发挥着奠基作用。但在人才培养过程中存在技能培养呈现工具属性、技能训练低效重复、"短期上岗"等问题，致使职业教育人才培养与国家技能人才需求之间产生高质量技能型人才供需矛盾（卢艺菲，2023）。在实际工作中，学校培养的技能工人需要跟着经验丰富的高级技能人才进行长时间的学习、训练以及大量的经验累积才能真正上岗，补齐非认知能力培养上的短板（韦妙，2023）。

---

① 冯学成. 禅说庄子：秋水［M］. 东方出版社，2013.

传统人力资本理论的一个核心假设是，个人接受教育和培训后可以在劳动力市场上创造更多的价值。受教育水平较高劳动者在其职业生活中实现的核心目标是教育回报的持久性（Allen et al.，2007；Allan et al.，2017）。虽然经济回报和非经济回报并非独立存在，但很多即将进入劳动力市场的毕业生非常重视与创造性参与、工作的质量和实现使命感等非经济回报，他们认为教育最重要的价值对社会的贡献或"回馈社会"与产生"真正的影响"等非市场化的外部收益（Jackson & Tomlinson，2019）。微观层面，这影响到其在职业生涯早期的参与度和主动性，及其受挫后仍坚持职业目标的能力；宏观层面，这与国家发展阶段和产业变革需求的技术技能人才产生共鸣。

三、数字技术赋能高技能人才培养的新路径

美国斯坦福大学发布的《人工智能100年》报告指出，庞大的数据存储和信息处理功能、图形识别、语音交互、全息影像等一系列前沿技术，能够打破时间与空间的维度，甚至跨越地域、语言等限制而跨越理解与交流的鸿沟。数字技术赋能无疑为破解高技能人才培养困境提供了必然路径。2022年，联合国教科文组织《教育政策和总体规划中的信息通信技术应用指南》中，关于职业教育与培训数字化转型强调关注数字基础设施完善、数字学习资源建设、教师数字能力建设等，并通过教学与学习新形态、新模式的探索，实现技能培养生态的重构和个体数字化工作胜任力的培养。

党的十八大以来，习近平总书记高度重视教育工作，作出一系列重要指示批示，党的二十大首次将"教育数字化"写进报告，推进我国教育数字化实现跨越式发展。全国中小学（含教学点）全部接入互联网，"三通两平台"目标任务基本完成，教师信息技术应用能力明显提升，教育信息化应用模式不断创新，数字化教学环境、数字化课程、数字化教

学资源、数字化教学工具、数字化教材等不断丰富，目前我国已建成世界第一大教育教学资源库，为迈向教育数字化新阶段奠定了坚实基础。

当前数量丰富的教学资源大大提升了技能人才认知能力培养效率，但却难以有效解决技能人才非认知能力的培养和缄默知识的传承困境，制约了高水平技能人才的培养。以数字化赋能技能人才培养的关键之一是优质的数字化教育教学资源供给，为此，必须采集可视化技术技能图谱，将高水平工匠技艺中的缄默知识活化；基于任务偏向型技术进步，建构技术技能发展框架，将非认知能力培养制度化；开发技术技能培养新样态，通过技艺参数反馈机制提高技能人才培养水平。

（一）系统性采集技术技能图谱，数字赋能缄默知识活化，优化技能教学资源供给

职业教育数字化资源中既有知识类资源，亦有实际操作类资源。知识资源应以课程为最基础的教学单元，将信息技术与人才培养方案深度融合，打破专业限制、重构知识图谱、创新知识呈现，让学生在实现泛在化学习的同时，能依据个人需要自主选择课程，满足多样化成才需求；实操类资源应以实训项目为最基础的教学单元，结合岗位要求、实际生产操作标准和数字思维、信息技术能力重构技能点，适当使用虚拟仿真技术开展实训教学，让实际操作和数据驱动能力成为学生的潜在优势。

当前我国人力资源社会保障部等相关部门已经开启"技能大师之家"展品和视频课件征集工作。虽然碎片化的课件可以起到技能人才技术展示宣传、交流的作用，但是难以系统性展示技术实际操作过程中传达出的缄默知识，对技能培养中非标准化的培训作用不显著。系统采集技能实操图谱，数字图像教学资源。由中华全国总工会和发改委联合牵头，以中国产业升级分阶段目标为依据，遴选产业工匠大师作为构建工匠数字模型的试点产业。利用当前3D影像技术采集工匠技能实践操作过程，通过记录操作步骤的脑电波并进行信号分析，把计算机视觉和人工智能

技术结合在一起，捕捉工匠实操的多个关键骨骼点。在瞬息变动的动作链中抓取技能操作精度、角度、变化度、力度等方面的数据，实现对工匠操作动态的图像、变化参数的提取，以此捕捉技能传承中的缄默知识和信息。最终，通过数据存储技术将采集到的工匠技能形成"看得清""看得准""看得全"和"看得懂"的图谱。在教学理念上要以德育人、以文化人，培育学生的职业精神和工匠情怀；在教学实施过程中要注重引导学生生成创造力、沟通能力、协作能力和批判性思维能力。

（二）基于任务偏向型技术进步，建构技术技能发展模型（见图9-5）①，创新技能人才培养模式

以国家发展战略为目标，以产业升级需求为导向，以高质量发展为根本，按照多主体协同驱动的实践原则。对技能人才培养数字化转型的认知，不应该仅仅局限于自身立场来构思数字时代职业教育与培训的现代化改革，更应在打造澳大利亚全球数字经济领先体和构建支撑本土数字经济发展所需的高质量技能人才队伍的整体性视域下，以国家产业经济转型衍生的需求立场来洞见和设计职业教育与培训数字化转型。

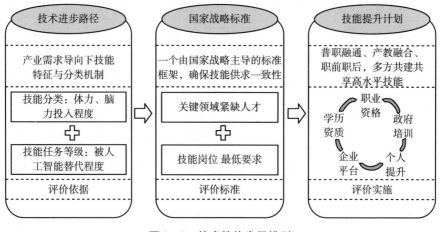

图9-5　技术技能发展模型

①　建构主义。

基于任务偏向型（task-biased）技术，将非标准化的、经验传承式的技能进行任务分解、整理、编码，形成工匠技艺任务库。对同等工艺难度的技能进行合并，对等级化技能进行排序，对难以实现的技能进行人机协作设定等，将采集到的技能实操图谱整理成技能学习库，形成数字化技能教材。通过大国工匠评选平台，实现与科研院所、职业院校、企业劳模创新工作室、技能大师创新工作室的技能资料的共建共享、实时更新。加大劳模创新工作室、技能大师创新工作室建设与开放的力度，积极推进多形式、多层次的实验、实习、实训体系开发与学习库建设。

基于任务偏向技术进步特征，将技能岗位任务转化为学习具体任务，规范教学实践和培技培训，既要精准控制技能发展的每一个环节，帮助学生获得基本的职业能力；又要将培养基本操作技能和激发基础创新能力打通，在具体工作任务中有针对性地培养学生知识迁移能力。建议依托网络优势，运用数字化手段管理劳模创新（技能大师）工作室，将工作室打造升级成为新时代职工之家，为更多职工成长成才提供服务，同时加强交流学习，将好的经验复制推广。按照柯特斯等（Cortes et al.，2020）的分类方式，按照工作岗位任务被自动化替代的程度以及体力、脑力投入程度，将工作岗位分成六个类型：常规性工作、常规操作性工作、常规知识性工作、非常规工作、非常规操作性工作和非常规知识性工作。

（三）开发技术技能培养新样态，建立技艺参数反馈机制，提高技能人才培养水平

传统培养形态已无法适应新技术革命引发的培养样态智能化升级。对此，须依托数字化学习平台，带动人工智能对教育的直接作用（张志祯、张玲玲、李芒，2019），开发技术技能培养新样态。

一是以集成化思维建构学科专业知识、技术技能图谱和发展模型共享协同的数字平台。依次实现学习平台设置专业技能的技术标准、操作步骤设计、动作配图、集成技能等智能工作流程。依照技能任务动作流

程，参考终身全生命周期模式开展实际操作教学"教、学、做一体"的CDIO模式（Conceive 构思、Design 设计、Implement 实现、Operate 运作）（陈国金等，2017），也称全生命周期模式开展实际操作教学。

二是以智能化思维，将智能技术嵌入数字化教学系统，转换传统三维空间为多维感知空间、智能空间，建构立体化、结构化技术技能实训体系、高仿真的实践场景和学生认知能力、创新能力、知识迁移能力的成长路线（陈锋，2018）。由企业负责虚拟现实（VR）软件开发、资源包提供，同时指导学校教师根据教学需求，开发适合学情的课程资源，工匠技能模型迁移学习的场景。在学生"学"的情境中，可以托依虚拟现实技术，系统能通过共享现场技术操作者视角，对比工匠技术最优技术参数的视频、图片等，以各类"真实"的职业场景，让学生切身领会工匠情怀，设置具有高度沉浸感和体验感的互动情景，通过"听、看、触、动"进一步强化学生的共情效果，模拟指导技术操作者不断优化完成技术任务的动作（韦妙和李朦，2020）。

三是建立个性化学习参数反馈机制，在数字平台上加强个性化学习反馈机制，实现人机协同优化技术参数，线上线下融合、学习数据对比分析、学习资源智能推送、学习情况反馈评价等。该模型的反馈优化机制还实现了对技术操作者的双手和视野的拍摄，实现专业技能采集和数字化记录，这些采集的信息在处理后可显示在其他佩戴 MR 智能眼镜工作的新员工的视野中，新员工能一边查看演示视频、图像和原理等知识，一边自行操作训练，实现了技术、技能的数字化传承。

四是产学研共建共享机制。由科研院所、技能院校以及企业劳模创新工作室、技能大师创新工作室学习分析系统、自适应系统、人工智能助教等辅助教学技术，促进工匠技能教学模式从"师—徒"二元结构转变为"师—机—徒"三元结构，实现技能传承场景理解、技能应用个体适配、技能实现参数调整等目标，在工匠人才培养中实现个性化"教学"，推动大国工匠技能在传承中实现自我迭代式"升级"。

参 考 文 献

［1］蔡昉.刘易斯转折点——中国经济发展阶段的标识性变化［J］.
经济研究，2022，57（1）：16－22.

［2］曹景林，姜甜.互联网使用对女性收入的影响——基于 CFPS 数据的经验证据［J］.现代财经（天津财经大学学报），2020，40（12）：79－95.

［3］陈斌开，马燕来.数字经济对发展中国家与发达国家劳动力市场的不同影响——技能替代视角的分析［J］.北京交通大学学报（社会科学版），2021，20（2）：1－12.

［4］陈锋.产教融合：深化与演化的路径［J］.中国高等教育，2018（Z2）：13－16.

［5］陈贵富，韩静，韩恺明.城市数字经济发展、技能偏向型技术进步与劳动力不充分就业［J］.中国工业经济，2022（8）：118－136.

［6］陈国金，姜周曙，苏少辉，陈昌.基于工业 4.0 的智能工厂实验系统的搭建及应用［J］.现代教育技术，2017，27（7）：121－126.

［7］陈华帅，谢可琴.数字经济与女性就业——基于性别就业差异视角［J］.劳动经济研究，2023，11（2）：84－103.

［8］陈玉宇，吴玉立等.信息化对劳动力市场的影响：个人电脑使用回报率的估计［J］.经济学，2008（4）：49－66.

［9］陈云，曹佳.灵活就业重在做好服务和保障［N］.经济日报，2023－04－23.

［10］都阳，贾朋，程杰．劳动力市场结构变迁、工作任务与技能需求［J］．劳动经济研究，2017，5（3）：30－49．

［11］冯向楠，詹婧．人工智能时代互联网平台劳动过程研究——以平台外卖骑手为例［J］．社会发展研究，2019（3）：61－83，243．

［12］高等教育与劳动力市场辩证关系中的范式转变：重构人力资本、价值和有目的的工作［J］．北京大学教育评论，2023，3（21）：2－22．

［13］高梦滔，颜明，毕岚岚．计算机使用对青年人工资率的影响：来自云南的经验证据［J］．中国人口科学，2009（1）：59－67，112．

［14］顾楚丹．城镇非正规就业者职业地位获得研究［D］．上海：华东师范大学，2022．

［15］何文，申曙光．医保支付方式与医疗服务供方道德风险——基于医疗保险报销数据的经验分析［J］．统计研究，2020，37（8）：64－76．

［16］胡鞍钢，才利民．从"六普"看中国人力资源变化：从人口红利到人力资源红利［J］．清华大学教育研究，2011，32（4）：1－8．

［17］华萍．不同教育水平对全要素生产率增长的影响——来自中国省份的实证研究［J］．经济学（季刊），2005，5（1）：147－166．

［18］惠树鹏，单锦荣．基于工业智能化的中国劳动力技能结构升级路径研究［J］．软科学，2022，36（7）：16－22，30．

［19］纪雯雯，赖德胜．工会能够维护流动人口劳动权益吗？［J］．管理世界，2019（2）：88－101．

［20］纪雯雯．信息基础设施建设、人力资本密度与创新［J］．经济与管理研究，2023，44（3）：109－130．

［21］贾毓慧．我国灵活就业统计研究——基于2021年劳动力调查数据［J］．调研世界，2022（10）：3－11．

［22］蒋承，王天骄．我国大学毕业生非正规就业的特征、结构与质量——基于2007—2017年全国高校毕业生就业调查数据［J］．社会科学

战线，2020（10）：271-275.

[23] 蒋琪，王标悦，张辉，等. 互联网使用对中国居民个人收入的影响——基于 CFPS 面板数据的经验研究 [J]. 劳动经济研究，2018，6（5）：121-143.

[24] 劳伦·A. 里韦拉. 出身：不平等的选拔与精英的自我复制 [M]. 南宁：广西师范大学出版社，2019.

[25] 李春玲. 大学生就业选择的趋同与分化——理性选择与社会分化 [J]. 北京大学教育评论，2023，21（3）：51-68，188-189.

[26] 李春玲. 疫情冲击下的大学生就业：就业压力、心理压力与就业选择变化 [J]. 教育研究，2020，41（7）：4-16.

[27] 李晓华. 数字经济新特征与数字经济新动能的形成机制 [J]. 改革，2019（11）：40-51.

[28] 李晓曼，罗祥艳. 人力资本理论研究新进展 [EB/OL]. 中国社会科学网，2020-12-23.

[29] 李秀玫，向橄叶子，桂勇. 在物质主义和后物质主义之间——后疫情时代大学生就业态度的变化 [J]. 文化纵横，2021（1）：120-129.

[30] 李雅楠，谢倩芸. 互联网使用与工资收入差距——基于 CHNS 数据的经验分析 [J]. 经济理论与经济管理，2017（7）：87-100.

[31] 李政. 稳定就业如何影响技能形成——基于我国企业雇佣制度的历史考察 [J]. 华东师范大学学报（教育科学版），2024，42（4）：51-62.

[32] 刘国亮，卢超. 数字经济背景下新要素动能对就业结构的影响研究 [J]. 经济问题探索，2022（12）：132-151.

[33] 刘军，杨渊鋆，张三峰. 中国数字经济测度与驱动因素研究 [J]. 上海经济研究，2020（6）：81-96.

[34] 刘自团，陆根书. 家庭经济资源对大学毕业生就业质量影响的实证研究——基于陕西高校毕业生就业创业跟踪调查 [J]. 北京工业大

学学报（社会科学版），2021（3）：127－140.

[35] 卢艺菲. 基于新人力资本理论的中职技能型人才培养策略研究 [J]. 广东职业技术教育与研究，2023（6）：17－20.

[36] 吕世斌，张世伟. 中国劳动力"极化"现象及原因的经验研究 [J]. 经济学（季刊），2015，14（2）：57－778.

[37] 罗连化，周先波. 超时工作会挤出居民家庭消费吗？——基于 CFPS 数据的经验证据 [J]. 中山大学学报（社会科学版），2022（3）：167－180.

[38] 毛宇飞，曾湘泉. 互联网使用是否促进了女性就业——基于 CGSS 数据的经验分析 [J]. 经济学动态，2017（6）：21－31.

[39] 毛宇飞，曾湘泉，祝慧琳. 互联网使用、就业决策与就业质量——基于 CGSS 数据的经验证据 [J]. 经济理论与经济管理，2019（1）：72－85.

[40] 宁磊，王敬博. 收入效应还是房奴效应？——基于中国家庭流动性约束现状分析 [J]. 系统工程理论与实践，2022（6）：1544－1559.

[41] 皮埃尔·布尔迪厄. 国家精英：名牌大学与群体精神 [M]. 北京：商务印书馆，2018.

[42] 戚聿东，丁述磊，刘翠花. 数字经济背景下互联网使用与灵活就业者劳动供给：理论与实证 [J]. 当代财经，2021（5）：3－16.

[43] 齐亚强，梁童心. 地区差异还是行业差异？——双重劳动力市场分割与收入不平等 [J]. 社会学研究，2016，31（1）：168－190，245－246.

[44] 曲玥，蔡昉，张晓波. "飞雁模式"发生了吗？——对1998—2008年中国制造业的分析 [J]. 经济学（季刊），2013，12（3）：757－776.

[45] 屈小博，程杰. 中国就业结构变化："升级"还是"两极化"？ [J]. 劳动经济研究，2015，3（1）：19－144.

[46] 石有为. 住房资产、就业稳定性与家庭风险市场参与 [J]. 调研世界，2021（8）：27－34.

［47］孙早，侯玉琳．工业智能化如何重塑劳动力就业结构［J］．中国工业经济，2019（5）：61－79.

［48］谭燕芝，李云仲，胡万俊．数字鸿沟还是信息红利：信息化对城乡收入回报率的差异研究［J］．现代经济探讨，2017（10）：88－95.

［49］田鸽，张勋．数字经济、非农就业与社会分工［J］．管理世界，2022，38（5）：72－84.

［50］王嘉箐．新业态下劳动者灵活就业研究［D］．大连：东北财经大学，2023.

［51］王伊雯，叶晓梅．教龄越长教得越好？——教师教龄对青少年认知和非认知能力的影响研究［J］．教育经济评论，2023，8（5）：108－128.

［52］王永洁．国际视野中的非标准就业与中国背景下的解读——兼论中国非标准就业的规模与特征［J］．劳动经济研究，2018（6）：95－115.

［53］王永钦等．中国劳动力市场结构变迁——基于任务偏向型技术进步的视角［J］．中国社会科学，2023，11：45－64.

［54］王永钦，董雯．机器人的兴起如何影响中国劳动力市场？——来自制造业上市公司的证据［J］．经济研究，2020，55（10）：159－175.

［55］王永钦，董雯．中国劳动力市场结构变迁——基于任务偏向型技术进步的视角［J］．中国社会科学，2023，11：45－64.

［56］韦妙，李朦．人工智能对职业教育产教融合育人焦点及实践情境的形塑［J］．中国职业技术教育，2020（31）：55－60，67.

［57］韦妙，王婧，张启迪．基于新人力资本理论的数字经济时代技术技能人才能力转型与重构［J］．中国职业技术教育，2023，16：5－12.

［58］韦妙，张启迪．智能时代的技术技能型人才培养：应然定位、实然困境与必然选择［J］．职业技术教育，2021，42（13）：12－18.

［59］魏万青，高伟．经济发展特征、住房不平等与生活机会［J］．社会学研究，2020（4）：81－103，243.

［60］魏巍，刘贝妮，凌亚如．平台工作游戏化对网约配送员工作卷入的"双刃剑"影响——心流体验与过度劳动的作用［J］．南开管理评论，2022（5）：159 – 171.

［61］吴砥，郭庆，郑旭东．智能技术进步如何促进学生发展［J］．教育研究，2024，45（1）：121 – 132.

［62］吴要武．非正规就业者的未来［J］．经济研究，2009（7）：91 – 106.

［63］徐毅．刘易斯二元经济增长理论的一个数理描述［J］．数量经济技术经济研究，2007（1）：118 – 123.

［64］杨成明．重塑现代化新生态：澳大利亚职业教育与培训数字化转型探究［J］．比较教育研究，2023，45（12）：88 – 99.

［65］杨慧梅，江璐．数字经济、空间效应与全要素生产率［J］．统计研究，2021，38（4）：3 – 15.

［66］杨建芳，龚六堂，张庆华．人力资本形成及其对经济增长的影响——一个包含教育和健康投入的内生增长模型及其检验［J］．管理世界，2006（5）：10 – 18.

［67］杨伟国，王琦．数字平台工作参与群体：劳动供给及影响因素——基于 U 平台网约车司机的证据［J］．人口研究，2018（4）：78 – 90.

［68］叶胥，杜云晗，何文军．数字经济发展的就业结构效应［J］．财贸研究，2021，32（4）：1 – 13.

［69］叶雨婷．教育部部长怀进鹏：把就业作为高等教育结构调整重要内容［N］．中国青年报，2022 – 09 – 09.

［70］岳昌君．高质量发展下的人力资源需求［J］．国家教育行政学院学报，2022（3）：8 – 10.

［71］岳昌君，邱文琪．疫情防控常态化背景下高等学校毕业生就业状况及影响因素［J］．教育研究，2022（6）：28 – 44.

［72］岳昌君，夏洁，邱文琪．2019 年全国高校毕业生就业状况实证

研究［J］．华东师范大学学报（教育科学版），2020（4）：1 – 17.

［73］曾湘泉，卢亮．标准化和灵活性的双重挑战——转型中的我国企业工作时间研究［J］．中国人民大学学报，2006（1）：110 – 116.

［74］张军，吴桂英，张吉鹏．中国省际物质资本存量估算：1952 – 2000［J］．经济研究，2004（10）：35 – 44.

［75］张杉杉，杨滨伊．零工经济中平台型灵活就业人员的劳动供给影响因素研究——来自外卖骑手的证据［J］．经济与管理研究，2022（6）：80 – 89.

［76］张勋，万广华，等．数字经济、普惠金融与包容性增长［J］．经济研究，2019，54（8）：71 – 86.

［77］张延吉，秦波．城镇正规就业与非正规就业的收入差异研究［J］．人口学刊，2015（4）：92 – 103.

［78］张艺，皮亚彬．数字技术、城市规模与零工工资——基于网络招聘大数据的实证分析［J］．经济管理，2022（5）：83 – 99.

［79］张志祯，张玲玲，李芒．人工智能教育应用的应然分析：教学自动化的必然与可能［J］．中国远程教育，2019（1）：25 – 35，92.

［80］赵世奎，沈文钦．博士生就业偏好的实证分析［J］．学位与研究生教育，2010（4）：53 – 56.

［81］赵炜，Jens Thoemmes.谁改变了工作时间——有关工时的劳动社会学研究［J］．中国社会科学评价，2021（4）：16 – 26，155.

［82］郑东，潘聪聪．大学生提速"慢就业"的服务策略［J］．江苏高教，2019（2）：81 – 84.

［83］郑广怀，孙慧，万向东．从"赶工游戏"到"老板游戏"——非正式就业中的劳动控制［J］．社会学研究，2015（3）：170 – 195.

［84］周金燕．人力资本内涵的扩展：非认知能力的经济价值和投资［J］．北京大学教育评论，2015，13（1）：78 – 95，189 – 190.

［85］Acemoglu D.，Johnson S.，Robinson J.，et al. Institutional Causes, Macroeconomic Symptoms: Volatility, Crises and Growth [J]. Journal of Monetary Economics, 2003, 50 (1): 49 – 123.

[86] Aghion P. , et al. Artificial Intelligence and Economic Growth in: Agrawaletal (eds), The Economics of Artificial Intelligence: An Agenda, University of Chicago Press, 2018.

[87] Aghion P. , Howitt P. A Model of Growth through Creative Destruction [J]. Econometrica, 1992, 60: 323 – 351.

[88] Alan B. Krueger. Computing Inequality: Have Computers Changed the Labor Market? [J]. Quarterly Journal of Economics, 1998, 113 (4): 1169 – 1213.

[89] Allan B. , Owens R. , Duffy R. Generation Me or Meaning? Exploring Meaningful Work in College Students and Career Counsellors [J]. Journal of Career Development, 2017, 44 (6): 502 – 515.

[90] Allen J. , C. Arnesen, J. Calmand, M. Frontini, J. Paul, M. Rostan, R. Velden. The Flexible Professional in the Knowledge Society: General Results of the REFLEX Project [D]. Maastricht, Netherlands: Maastricht University, 2007.

[91] Andrew Brown, Andy Charlwood, David A Spencer. Not all that it Might Seem: Why Job Satisfaction is Worth Studying Despite it Being a Poor Summary Measure of Job Quality [J]. Work, Employment & Society, 2012, 26 (6): 1007 – 1018.

[92] Autor D. H, D. Dorn. The Growth of Low-skill Service Jobs and the Polarization of the US Labor Market [J]. American Economic Review, 2013, 103 (5): 1553 – 1597.

[93] Autor, Lawrence, Melissa. The Polarization of the U. S. Labor Market [J]. American Economic Review, 2006, 96 (2): 89 – 94.

[94] Badaoui E. E. , Strobl E. , Walsh F. Is There an Informal Employ-

ment Wage Penalty? Evidence from South Africa [J]. Economic Development and Cultural Change, 2008, 56: 683 – 710.

[95] Bal P. M., Izak M. Paradigms of Flexibility: A Systematic Review of Research on Workplace Flexibility [J]. European Management Review, 2021, 18 (1): 37 – 50.

[96] Barro R. J., Sala-i-martin X. Technological Diffusion, Convergence, and Growth [J]. Journal of Economic Growth, 1997, 2 (1): 1 – 26.

[97] Bartel A. P., Lichtenberg F. R. The Comparative Advantage of Educated Workers in Implementing New Technology [J]. The Review of Economics and Statistics, 1987, 69 (1): 1 – 11.

[98] Bauernschuster S., Falck O., Woessmann L. Surfing Alone? The Internet and Social Capital: Evidence from an Unforeseeable Technological Mistake [J]. Journal of Public Economics, 2014, 117 (1): 73 – 89.

[99] Benhabib J., Spiegel M. M. Chapter 13 Human Capital and Technology Diffusion [C] //P. Aghion, S. N. Durlauf. Handbook of Economic Growth, 2005: 935 – 966.

[100] Benz M., Frey B. S. The Value of Doing What you Like: Evidence from the Self-Employed in 23 Countries [J]. Journal of Economic Behavior & Organization, 2008, 68 (3/4): 445 – 455.

[101] Berger T., Frey C. B., Levin G., et al. Uber happy? Work and Well-Being in the "Gig Economy" [J]. Economic Policy, 2019, 34 (99): 429 – 477.

[102] Bessen J. Automation and Jobs: When Technology Boosts Employment [J]. Economic Policy, 2019, 34: 589 – 626.

[103] Borghans L., Duckworth A. L., Heckman J. J., et al. The Economics and Psychology of Personality Traits [J]. Human Resources, 2008, 43 (4): 972 – 1059.

［104］Bourdieu Pierre. The Forms of Capital, Handbook of Theory and Research for the Sociology of Education ［M］. New York: Greenwood Press, 1986: 241 – 258.

［105］Bowles S. , Gintis H. , Osborne M. The Determinants of Earnings: A Behavioral Approach ［J］. Journal of Economic Literature, 2001, 39 (4): 1137 – 1176.

［106］Chen M. K. , Chevalier J. A. , Rossi P. E. The Value of Flexible Work: Evidence from Uber Drivers ［J］. Journal of Political Economy, 2019, 127 (6): 2735 – 2794.

［107］Chen Yi, Fan Ziying, Gu Xiaomin, Zhou Li-An. Arrival of Young Talent: The Send-Down Movement and Rural Education in China ［J］. American Economic Review, 2020, 110 (11): 3393 – 3430.

［108］Choi B. Y. , Kim B. , Jang S. H. , et al. An Dividual's Work Values in Career Development ［J］. Journal of Employment Counseling, 2013, 50 (4): 154 – 165.

［109］Cinnirella F. , Streb J. The Role of Human Capital and Innovation in Economic Development: Evidence from Post-Malthusian Prussia ［J］. Journal of Economic Growth, 2017, 22 (2): 193 – 227.

［110］Cortes G. M. , Jaimovich N. , Nekarda C. J. , Siu H. E. The Dynamics of Disappearing Routine Jobs: A Flows Approach ［J］. Labour Economics, 2020, 65.

［111］Daron Acemoglu. Technical change, inequality and the labor market ［J］. Journal of Economic Literature, 2001 (4): 7 – 72.

［112］David H. Autor, Lawrence F. Katz , Alan B. Krueger. Computing Inequality: Have Computers Changed the Labor Market? ［J］. Quarterly Journal of Economics, 1998, 113: 1169 – 1214.

［113］D. D. Acemoglu, D. H. Autor. Skills Tasks and Technologies Implications for Employment and Earnings [J]. Handbook of Labor Economics, 2010 (4): 1043 –1071.

[114] Dettmers Jan, et al. Extended Work Availability and Its Relation with Start-of-day Mood and Cortisol [J]. Journal of Occupational Health Psychology, 2016, 21 (1): 105 –118.

[115] D. H. Autor, D. D. Acemoglu. The Growth of Low-Skill Service Jobs and the Polarization of the US Labor Market [J]. American Economic Review, 2013, 103 (5): 1553 –1597.

[116] Digital Transformation Expert Panel. The Learning Country: Digital Trans Formation Skills Strategy [D]. Boston University, 2024.

[117] Draon Acemoglu, Restrepo Pascual. The Race Between Machine and Man: Implications of Technology for Growth, Factor Shares and Employment [J]. American Economic Review, 2018: 1488 –1542.

[118] Egidio Farina, et al. Zero Hours Contracts and Their Growt [J]. Journal of Industrial Relations, 2020 (3).

[119] Esther Duflo. Schooling and Labor Market Consequence of School Construction in Indonesia: Evidence from an Unusual Policy Experiment [J]. American Economic Review, 2001, 91 (4): 795 –813.

[120] Feldman D C. The nature, antecedents and consequences of underemployment [J]. Journal of Management, 1996, 22 (3): 385 –407.

[121] Ferguson Merideth, et al. Tethered to Work: A Family Systems Approach Linking Mobile Device Use to Turnover Intentions [J]. The Journal of Applied Psychology, 2016, 101 (4): 520 –534.

[122] Findlay Patricia, et al. The Challenge of Job Quality [J]. Human Relations, 2013, 66 (4): 441 –451.

[123] Funk Peter, Vogel Thorsten. Endogenous Skill Bias [J]. Journal of Economic Dynamics & Control, 2004, 28 (11): 2155 –2193.

［124］Galor O, Moav O. From Physical to Human Capital Accumulation：Inequality and the Process of Development ［J］. The Review of Economic Studies, 2004, 71（4）：1001 - 1026.

［125］Galor O, Zeira J. Income Distribution and Macroeconomics ［J］. The Review of Economic Studies, 1993, 60（1）：35 - 52.

［126］Goos, Maarten, Alan Manning. Lousy and Lovely Jobs：The Rising Polarization of Work in Britain ［J］. Review of Economics and Statistics, 2007, 89（1）：118 - 133.

［127］Goos M., et al. Explaining Job Polarization：Routine-Biased Technological Change and Offshoring ［J］. American Economic Review, 2014, 104（8）：2509 - 2526.

［128］Guidelines for ICT in education policies and masterplans ［EB/OL］. UNESCO, 2022.

［129］Heckman J J, Corbin C O. Capabilities and Skills ［J］. Journal of Human Development and Capabilities, 2016, 17（3）：342 - 359.

［130］Hox, Joop J. Multilevel Analysis ［M］. New York：Routledge, 2010.

［131］Hurst E, Pugsley B W. What do Small Businesses do? ［J］. Brookings Papers on Economic Activity, 2011, 42（2）：73 - 118.

［132］ILO. Non-standard Employment around the World：Understanding Challenges ［EB/OL］. Shaping Prospects. Geneva, 2016.

［133］Jackson D., Tomlinson M. Career Values and Proactive Career Behavior Among Contemporary Higher Education Students ［J］. Journal of Education & Work, 2019, 32（5）：449 - 464.

［134］Jody A. Worley and Kathrine J. Gutierrez. Hope for the（New）Ideal Worker：Resolving the Flexibility-Availability Paradox ［J］. The New Ideal Worker, 2019：9 - 23.

［135］ Jones C I. R&D-Based Models of Economic Growth ［J］. Journal of Political Economy, 1995, 103 (4): 759 – 784.

［136］ Juliet Schor B. Does the Sharing Economy Increase Inequality Within the Eighty Percent?: Findings From a Qualitative Study of Platform Providers. Cambridge Journal of Regions ［J］. Economy and Society, 2017 (2): 263 – 279.

［137］ Juliet Schor, et al. Dependence and Precarity in the Platform Economy ［J］. Theory and Society, 2020, 49 (5): 833 – 861.

［138］ Katz L. F. , K. M. Murphy. Changes in Relative Wages, 1963 – 1987: Supply and Demand Factors ［J］. Quarterly Journal of Economics, 1992, 107 (1): 35 – 78.

［139］ Klevmarken A. , J. M. Quigley. Age, Experience, Earnings, and Investments in Human Capital ［J］. Journal of Political Economy, 1976, 84 (1): 47 – 72.

［140］ Kogan Leonid, Dimitris Papanikolaou, Lawrence D. W. Schmidt, and Bryan Seegmiller. Technology and Labor Displacement: Evidence from Linking Patents with Worker-Level Data ［R］. NBER Working Paper, 2023: 31846.

［141］ Korabik K, Lero D S, Whitehead D L. Handbook of Work-Family Integration: Research Theory, and Best Practices ［M］. New York: Academic Press, 2011.

［142］ Kunst D. Deskilling among Manufacturing Production Workers ［J］. Tinbergen Institute Discussion Papers, 2019, 19.

［143］ Lucas R E. On the Mechanics of Economic Development ［J］. Journal of Monetary Economics, 1988, 22 (1): 3 – 42.

［144］ Mason G. Higher Education, Initial Vocational Education and Continuing Education and Training: Where should the Balance be? ［J］. Journal of Education and Work, 2020, 33 (7): 468 – 490.

[145] Nelson R R, Phelps E S. Investment in Humans, Technological Diffusion, and Economic Growth [J]. The American Economic Review, 1966, 56 (1/2): 69 – 75.

[146] OECD. In It Together: Why Less Inequality Benefits All [R]. Paris. OECD Publishing, 2015.

[147] Petreski et al. Youth Underemployment in the Western Balkans: A Multidimensional Approach [J]. Eastern European Economics, 2021, 59 (1): 25 – 50.

[148] Polanyi M. The Study of Man [M]. London: Routledge & Kegan Paul, 1958.

[149] Ranis G, Fei J C H. A Theory of Economic Development [J]. The American Economic Review, 1961, 51 (4): 533 – 565.

[150] Romer P M. Endogenous Technological Change [J]. Journal of Political Economy, 1990, 98 (5): S71 – S102.

[151] Rozzi F. The Impact of the Gig-Economy on US Labor Markets: Understanding the Role of Non-Employer Firms Using Econometric Models and the Example of Uber [J]. Junior Management Science, 2018, 3 (2): 33 – 56.

[152] Sen A. Development as Freedom [M]. Oxford: Oxford University Press, 1999.

[153] Shevchuk Andrey. Always on Across Time Zones: Invisible Schedules in the Online Gig Economy [J]. New Technology, Work and Employment, 2021 (1): 36.

[154] Slaughter A. M. Unfinished Business [M]. New York: Random House, 2015.

[155] Sundararajan A. The Sharing Economy: The End of Employment and the Rise of Crowd-based Capitalism [M]. MIT Press, 2016.

［156］ Super D E. A Life-Span, Life-Space Approach to Career Development ［J］. Journal of Vocational Behavior, 1980, 16 (3): 282 –298.

［157］ Tapscott D. The Digital Economy: Promise and Peril in the Age of Networked Intelligence ［M］. Mc Graw-Hill, 1996.

［158］ Tervo H. Self-Employment Transitions and Alternation in Finish Rural and Urban Labour Markets ［J］. Paper in Regional Science, 2008, 187 (1): 55 – 76.

［159］ Vandenbussche J, Aghion P, Meghir C. Growth, Distance to Frontier and Composition of Human Capital ［J］. Journal of Economic Growth, 2006, 11 (2): 97 –127.

［160］ Vazquez Emmanuel, H. Winkler. How do Telecommunications Reforms Affect Labour Market Arrangements? Evidence from Central and Western Europe ［J］. Economics of Transition and Institutional Change, 2019, 27 (3): 745 –762.

［161］ Vili Lehdonvirta. Flexibility in the gig economy: managing time on three online piecework platforms ［J］. New Technology, Work and Employment, 2018 (1).

［162］ World Development Report 2016: Digital Dividends ［R］. World Bank Group, 2016.

［163］ World Employment and Social Outlook Trends ［R］. ILO, 2023.